RESPIRAR DEUS

Dados Internacionais de Catalogação na Publicação (CIP)
(Câmara Brasileira do Livro, SP, Brasil)

Tonin, Neylor J.
  Respirar Deus : Orações : Salmos : Louvações /
Neylor J. Tonin. – Petrópolis, RJ : Vozes, 2022.
  ISBN 978-65-5713-532-7
  1. Devoção a Deus 2. Louvor a Deus 3. Louvores
4. Salmos I. Título.

22-107578   CDD-242.8

Índices para catálogo sistemático:
1. Devoção : Vida espiritual : Cristianismo 242.8
Aline Graziele Benitez – Bibliotecária – CRB-1/3129

FREI NEYLOR J. TONIN

RESPIRAR DEUS

ORAÇÕES
SALMOS
LOUVAÇÕES

EDITORA
VOZES

Petrópolis

© 2022, Editora Vozes Ltda.
Rua Frei Luís, 100
25689-900 Petrópolis, RJ
www.vozes.com.br
Brasil

Todos os direitos reservados. Nenhuma parte desta obra poderá ser reproduzida ou transmitida por qualquer forma e/ou quaisquer meios (eletrônico ou mecânico, incluindo fotocópia e gravação) ou arquivada em qualquer sistema ou banco de dados sem permissão escrita da editora.

CONSELHO EDITORIAL

Diretor
Gilberto Gonçalves Garcia

Editores
Aline dos Santos Carneiro
Edrian Josué Pasini
Marilac Loraine Oleniki
Welder Lancieri Marchini

Conselheiros
Francisco Morás
Ludovico Garmus
Teobaldo Heidemann
Volney J. Berkenbrock

Secretário executivo
Leonardo A.R.T. dos Santos

Editoração: Elaine Mayworm
Diagramação: Sheilandre Desenv. Gráfico
Revisão gráfica: Nilton Braz da Rocha
Capa: SGDesign

ISBN 978-65-5713-532-7

Esta obra teve cinco edições pela Editora Vozes com o título
De joelhos – Orações, Salmos, Louvações.

Este livro foi composto e impresso pela Editora Vozes Ltda.

Epígrafe

"Recitai entre vós salmos, hinos e cânticos espirituais. Cantai e salmodiai ao Senhor em vossos corações. Dai sempre graças por todas as coisas a Deus e Pai em nome de Nosso Senhor Jesus Cristo" (Ef 5,19-20).

"Sim, abro uma estrada no deserto, faço correr rios no sertão. Celebrar-me-ão os animais selvagens, os chacais e os avestruzes, pois dei água ao deserto e rios ao sertão, para matar a sede de meu povo escolhido. O povo, que criei para mim, proclamará meu louvor" (Is 43,19b-21).

"Acima de tudo, recomendo que se façam preces, orações, súplicas e ações de graça por todos os homens, pelos reis e por todos os depositários de autoridade, a fim de gozarmos de vida sossegada e tranquila em toda piedade e honestidade. Isto é bom e agradável diante de Deus, nosso Salvador. Ele deseja que todos os homens sejam salvos e cheguem ao conhecimento da verdade. Porque um é Deus, um também o mediador entre Deus e os homens, um homem: Cristo Jesus, que se entregou para a redenção de todos" (1Tm 2,1-8).

Sumário

Parte I, 13
1 Deus em primeiro lugar, 15
2 Oração da manhã, 17
3 Oração da noite, 19
4 Oração ao Deus Vovô, 21
5 Oração pela vida, 23
6 Exultação pascal, 24
7 Oração pela paz, diante do presépio, 28
8 Oração para o dia 31 de dezembro, 29
9 Oração do amor perdido, 34
10 Oração do reencontro e do perdão, 38
11 Exultação da liberdade, 42
12 Oração da casa, 43
13 Oração da panela, 45
14 Oração da bengala, 46
15 Oração dos namorados, 47
16 Oração para o Dia das Mães, 50
17 Abraça-me, 52
18 Oração do verão, 55

19 Oração do outono, 57
20 Oração do inverno, 58
21 Oração da primavera, 59
22 Oração de janeiro, 60
23 Oração de fevereiro, 62
24 Oração de março, 63
25 Oração de abril, 64
26 Oração de maio, 65
27 Oração de junho, 66
28 Oração de julho, 68
29 Oração de agosto, 69
30 Oração de setembro, 70
31 Oração de outubro, 71
32 Oração de novembro, 73
33 Oração de dezembro, 74

Parte II, 77
34 Salmo de adoração, 79
35 Salmo de ação de graças, 83
36 Salmo da felicidade, 85
37 Salmo da alegria, 87
38 Salmo da verdade, 88
39 Salmo da despedida, 90
40 Salmo de pedido, 93
41 Salmo de um doente, 95
42 Salmo de um coração aflito, 96

43 Salmo das trevas, 98
44 Salmo da manhã, ao acordar, 99
45 Salmo da noite, antes de dormir, 101
46 Salmo para o Ano-novo, 102
47 Salmo para o fim do ano, 103

Parte III – Em louvor de..., 107
48 Louvores a Deus – I, 109
49 Louvores a Deus – II, 110
50 Em louvor de Cristo, 111
51 Em louvor de Maria, 115
52 Em louvor de São José, 118
53 Em louvor de São João Batista, 122
54 Em louvor de São Pedro, 124
55 Em louvor de São Paulo, 127
56 Em louvor de São Francisco, 131
57 Em louvor de Santa Clara, 133
58 Em louvor de Santo Antônio, 135
59 Em louvor do ser humano, 137

Parte IV – Petições, 141
60 Pedindo fé, 143
61 Pedindo amor, 144
62 Pedindo esperança, 145
63 Um pedido singelo, 147
64 Pedindo a paixão de viver, 147

65 Pedindo sabedoria, 148
66 Pedindo a bênção para os filhos, 149
67 Pedindo a graça do trabalho, 151
68 Pedindo uma boa morte, 152
69 Pedindo a volta de um filho, 153
70 Pedindo para esquecer as mágoas, 155
71 A Santo Antônio casamenteiro, 156
72 Casal pedindo a paz, 157
73 Pedindo paciência, 159
74 Pedindo despojamento, 160
75 Pedindo coragem, 160
76 Pedindo bondade, 161
77 Pedindo perdão, 162
78 Pedindo a cura, 163
79 Oração da comida, 165
80 Pedindo um bom coração, 166

Parte V – Meditações, 169
81 Meditação diante do Presépio, 171
82 Meditação diante da *Pietà*, 178
83 Meditação diante do leproso, 184
84 Meditação diante do sepulcro vazio, 190
85 Meditação diante do milagre da vida, 198

Parte VI – Inspirações, 207
86 *Tota Pulchra*, 209

87 Em louvor a Maria, 211

88 Abre as mãos, 214

89 Exaltação ao Cristo Maravilha!, 216

90 Oração para as segundas-feiras, 219

91 Oração para as terças-feiras, 221

92 Oração para as quartas-feiras, 224

93 Oração para as quintas-feiras, 227

94 Oração para as sextas-feiras, 230

95 Oração para os sábados, 233

96 Oração para os domingos, 236

97 Oração a Jesus Crucificado, 239

98 Oração de despedida do Padre Motinha, 241

99 Última oração do Padre Joaquim, 243

À moda de conclusão, 245

Parte I

1
Deus em primeiro lugar

Senhor Deus, grande e bom, a quem pertence
toda grandeza e poder!
Senhor Deus, fonte de toda bondade, Vós sois o
bem
e só em Vós reside a plena alegria de ser somente
bom!
Senhor Deus, riqueza dos pobres e proteção dos
fracos:
nós vos amamos, adoramos e em Vós confessamos nossa fé!

Diante de Vós, dobramos, reverentemente, nossas
frontes, porque sois o Senhor dos vivos e dos mortos. Tudo é vosso e nada existe sem o sopro santo e
sacrossanto do vosso Espírito Santo.

Obrigado pela graça da vida e pela alegria de viver!
Obrigado pela fé que nos anima e pela coragem
que nos move!

Obrigado pela festa dos que creem
e pelo canto da certeza que se ergue da terra, apesar
das dificuldades!
Obrigado pela força da comunidade e pela solidariedade dos irmãos!

Fortificai, nós vos pedimos, nossos passos no caminho da verdade. Abri nossos corações para o serviço à vida. Iluminai nossos rostos no testemunho alegre do bem. Fazei-nos instrumentos da vossa paz e arautos felizes da vossa salvação. Despertai em todos o senso da justiça em defesa dos oprimidos, dando-nos a intrepidez dos profetas e a disposição dos mártires.

Perdoai, humildemente vos suplicamos, nossas faltas na dubiedade de nossas iniciativas. Cobri-nos com o manto do vosso perdão para que cantemos a vossa misericórdia. E, sobretudo, dai-nos um coração de criança para que possamos aninhar-nos, sem medo, em vossos braços de Pai acolhedor e Senhor onipotente.

Não queremos, Senhor Deus, viver longe de Vós,
mas sempre mais dentro dos vossos caminhos.
Não queremos esquecer-nos das vossas leis,
mas sempre mais buscar vossa sagrada face.

Não queremos ter outro desejo,
que não o de seguirmos Jesus Cristo, vivendo seu
Evangelho.
Para nós, Vós sois e sereis sempre o primeiro, o
único e o definitivo.
E, principalmente, renunciamos, hoje,
a qualquer pretensão de apoderar-nos de Vós,
pedindo-vos somente a graça
de que sejais a definição de nossa vida. Amém.

2
Oração da manhã

Senhor Deus, grande e bom,
agradecemos por mais um dia que vossa graça nos
concede
e pelo descanso da noite que passou.

Ao levantar-nos, agora, para o trabalho,
oferecemos-vos nossas mãos e coração e pedimos
vossa bênção.

Protegei a todas as pessoas, animando aos deses-
   perançados
e cobrindo de consolo os que comem o pão da
   amargura.
Que ninguém se sinta sozinho e desprezado,
mas que todos glorifiquem vosso santo nome.

Dai-me um coração bom e atencioso,
generoso e cheio de compreensão,
para que nossos irmãos sintam vossa presença
e possam bendizer o milagre da vida.

Que não nos encantemos com o mal,
nem as tentações perturbem nosso espírito.
Queremos ser um instrumento de paz,
a serviço da adoração, da justiça, da fraternidade e
da cidadania.

Dai-me a coragem da liberdade
e a vontade de só fazer o bem.

Olhai pelos que sofrem mais do que nós
e dai força aos pobres, órfãos e abandonados.

Que ninguém condene a ninguém,
nem que o amor seja derrotado pelo ciúme
ou ofendido pela maledicência.

Sabemos que somos mendigos de vossa graça e perdão
e dispomo-nos a ser servos dos sonhos comuns.

Que da vida sejamos bons pastores,
ardentes profetas
e encantados poetas.
Em louvor de Cristo. Amém.

3
Oração da noite

Senhor Deus, grande e bom,
que vosso nome seja bendito, hoje e sempre,
de dia e de noite, na cidade e no campo,
em nossas famílias e em nossos corações.

Em silêncio, as trevas abraçam a natureza,
enquanto o sol já está acordando a vida longe
daqui.
Cansados pelo trabalho deste dia, voltamo-nos,
antes de dormir, para Vós
e pedimos-vos a bênção e a paz para uma boa noite.

Muito obrigado por tudo que, hoje, nos aconteceu.
Na verdade, nem tudo foi como queríamos,

mas tudo, tanto o bem como o mal, tanto as alegrias como as tristezas,
as dificuldades, os encontros e as incompreensões
estavam cheios de vossas graças e nos ensinaram
a viver.

Não queremos reclamar dos outros nem nos quei-
xar de nada.
Tudo é graça, tudo faz parte do grande milagre da
vida,
cada pessoa é uma expressão da vossa ternura
e qualquer trabalho ajuda a construir a "civilização
do amor".

Se podemos pedir-vos, antes de dormir, mais uma
graça,
pedir-vos-íamos perdão pelo que cometemos,
hoje, de errado
e vos prometemos ser, amanhã, mais justos e bons,
mais gente e coração.

Estendei vossos braços de Pai sobre todas as
pessoas,
sobre as crianças que dormem sem nada pensar,
sobre os jovens que dormem sonhando com o
amor,
sobre os que, infelizes, já vivem sem sonhos.

E abençoai a todos.
Protegei os pobres, os sem-teto, os doentes, os crucificados.
Que, amanhã, ninguém acorde sem esperança, mas encontre no sol a imagem de vossa presença ou na chuva a expressão de vossa abundância.

Que ao fechar, agora, os olhos, só vejamos a Vós, e encontremos em Vós todas as pessoas amadas e desamadas.
Em louvor de Cristo. Amém.

4
Oração ao Deus Vovô

Querido Deus, grande e bom, sabemos que sois Pai, Mãe, Amigo e Irmão, Criador e Salvador, Refúgio e Bom Pastor. Permiti que, hoje, vos chamemos de Vovô. Sim, Vós tendes a bondade de um Vovô e a graça de uma Vovó.

E, por isso, vos louvamos e amamos, e queremos estar sempre sob vossa admirável proteção. Protegei a todos que são pais, como Tu o és, e vovôs como São Joaquim e Sant'Ana.

E dai-nos, vos pedimos, a graça de sermos bons avós, acolhedores, compassivos e alegres, amigos e cheios de paz para nossos netos e netas.

E, de coração, vos pedimos uma grande graça:
cuidai deles e protegei-os em vosso amor todo-poderoso.
Que eles cresçam no bem e na alegria.
E sejam felizes, ricos de graça e abençoados.

Muito obrigado por nosso casamento e pelos casamentos de nossos filhos e por suas famílias. Livrai-nos de todo mal, da violência e desunião. Que vivamos em paz e reine o bom entendimento em nossos lares.

Por São Joaquim e Sant'Ana, pais de Nossa Senhora e vovôs do Menino Jesus,
abençoai-nos para que sejamos bênção uns para os outros. Que nunca nos falte carinho para nossos

netos, nem sabedoria para mostrar-lhes o endereço da Casa do Bem. Em vossas mãos colocamos a sorte de nossas famílias.

Muito obrigado pela graça da vida.
Muito obrigado por todas as graças já recebidas.
Muito obrigado, querido Vovô do céu,
pela graça de sermos vovôs na terra.
Em louvor de Cristo. Amém.

5
Oração pela vida

Muito obrigado, ó Deus,
pelo presente da vida
e pela graça de viver!

Faz-nos da vida bons pastores,
ardentes profetas
e encantados poetas!

E que cada manhã seja para nós
e para as pessoas como se fosse a primeira.
E, quando chegar a última,
que a vida nos encontre
ainda fascinados por sua graça
e prontos para a derradeira aventura.

Para a vida, abrimos, hoje, o coração,
sempre agradecidos por senti-la
e muito felizes por poder ainda amá-la.
Amém.

6
Exultação pascal

Que exultem o céu, a terra e todo o universo!
Que exultemos todos: anjos, homens e mulheres,
irmãos de todas as raças e religiões, crentes ou não,
e que todas as criaturas cantem em louvor e em homenagem a Cristo
que ressuscitou verdadeiramente!

Esta é a nossa verdade jubilosa:
Nosso Redentor está vivo. Ele venceu a morte.
E a morte já não tem poder nenhum sobre Jesus
de Nazaré.
Hoje, Cristo é *Kyrios*, Senhor vitorioso.
É o *Kyrios*-Senhor da história e a *epifania* radiante
da glória de Deus.

Sua alma já não sente a agonia que produziu gotas
de suor e sangue em sua fronte angustiada, seus
lábios já não têm o gosto do cálice de fel e de seu
coração foi arrancado o medo que experimentou
diante da insolência dos prepotentes, da zombaria
do povo manipulado e da morte que lhe roubou o
sonho do Reino, mas não sua fé na força de Deus.

Cristo vive, e é só glória e paz.
Por isso, Ele saúda seus seguidores, terna e vito-
riosamente:
"A paz esteja convosco!"

E nós, com alegria e júbilo pascal, lhe agradecemos
e, como Maria Madalena, queremos beijar-lhe os
pés,
as mãos e o corpo ferido, mas glorificado.

E, com todo o coração lhe dizemos:
Nós vos adoramos, ó Cristo ressuscitado,
e vos bendizemos porque, com vossa santa cruz,
salvastes o mundo!

Salve, ó Cristo da Páscoa, Senhor da vitória, *Kyrios* da história!
Salve, ó Jesus, filho de Maria e da onipotência de Deus!
Salve, ó homem das dores e triunfador da morte!

Em nome de todos os homens, a comunidade dos fiéis canta: Canta a graça da nova vida que irrompe da pedra. Canta a felicidade de não mais chorar sobre um túmulo, que já está vazio. Canta a luz que brilhou nas trevas, o dia que venceu a escuridão e se fez aurora de festa, a certeza da fé que alimentou a esperança, para além do desespero da morte.

Que cante o mundo inteiro porque Cristo ressuscitou!
Que soe forte a música da alegria e da exultação pascal!
Que ninguém fique mudo! Que nenhum coração fique parado!
Que haja pão e vinho na mesa de todas as famílias!
Que os pobres comam e os ricos repartam.
Que saltem os coxos e abram-se os olhos dos cegos, porque Cristo ressuscitou verdadeiramente!

Que a justiça encha a terra como as águas enchem o mar! Que o leão coma capim com o boi e o cordeirinho se deite junto ao lobo! Que os inimigos se deem as mãos e os adversários celebrem um tratado de paz! Que os soldados descansem as armas, que ninguém mais menospreze seus semelhantes e se abram as portas de todas as prisões para a imensidão do céu de Deus, porque Cristo ressuscitou verdadeiramente!

(Final 1)
Porque Cristo ressuscitou verdadeiramente,
não tenhais medo!
Vivei como ressuscitados!
Exultai de alegria!
E que a paz de Deus esteja sempre convosco! Amém.

(Final 2)
Porque Cristo ressuscitou verdadeiramente,
que soe a música!
Que nossa igreja se encha de música,
porque assim, cheios de música, estão nossos corações*.

* Soa, na igreja, fortemente, o **Aleluia** de Händel.

7
Oração pela paz, diante do presépio

Ó Jesus, lindo menino e príncipe da paz:
gostaríamos, hoje, de pedir-te um grande presente:
a paz!
Nós e nosso mundo precisamos tanto de paz,
da Paz verdadeira e inteira, da qual és a fonte e a
garantia.
Dá-nos, te pedimos, um coração de paz, bom e
    amigo!
Faz-nos instrumentos da paz,
daquela paz anunciada pelos Anjos de Belém.

Que bom seria se pudéssemos, em troca,
te oferecer também um mundo de paz e uma festa
de irmãos!
O ruído das armas, no entanto, ainda assusta a
pombinha da paz
e a violência campeia enlouquecida em nosso mundo.

Mas, Jesus, lindo menino e príncipe da paz,
não tenhas medo nem deixes de nascer!
Há todo um mundo que luta pelo bem
e que acredita na "civilização do amor".

Um dia, quem sabe, sob tua inspiração,
"o lobo habitará com o cordeiro
e o leão comerá capim com o boi" (Is 11,6-7).
A justiça, então, inundará a terra
como as águas enchem o mar (v. 9).
E todos cantaremos e dançaremos juntos
o nascimento de um lindo menino, que és Tu.

Por hoje, reforça nossos anseios de paz
e reacende, forte, a chama da esperança,
ao mesmo tempo em que colocamos, junto a teu presépio,
com alegria e sem medo, nosso pobre coração humano,
machucado, quem sabe, mas, ao mesmo tempo,
inebriado com os sonhos de um Feliz Natal!

8
Oração para o dia 31 de dezembro

Querido Deus, grande e bom: neste último dia do ano, dobramos, diante de vossa majestade, nossas cabeças, reconhecendo vosso poder e senhorio, nossa alegre dependência e feliz filiação.

Olhando para trás, agradecemos-vos pelo ano que chega ao seu final, por tantas graças recebidas, pelo bem praticado, pela vida que tivemos, pelo amor que demos e recebemos, pelas alegrias que espalhamos e colhemos.

Muito obrigado pela fé que nos iluminou a caminhada, pelo trabalho que nos fez úteis, pelo amor que nos fez bons pastores da vida.

Muito obrigado pela saúde, pelos sentimentos e emoções, pelos encontros e pela fraternidade, pela fé e por nossa família, pelos que trabalharam pelo bem e pela paz, pela justiça e pelo progresso, pela esperança que nunca nos abandonou e pela estrela que sempre nos apontou os caminhos da felicidade e da verdade.

Muito obrigado pela dignidade que nos tornou fortes diante das tentações e pela coragem com que nos portamos diante das solicitações do mal.

Vós, que conheceis a interioridade de nosso coração, sabeis que muito mais temos para agradecer do que para pedir e lamentar. Em vossas mãos colocamos a graça da vida e a alegria de viver, por Nosso Senhor Jesus Cristo.

Tudo o que somos é vosso.
Nada queremos reter para nós,
nem o bem nem o mal, nem a graça nem os sofrimentos,
e tudo o que somos e temos vos entregamos
na confiança e na alegria de filhos.

Olhando, ainda, para trás, queremos pedir-vos perdão pelos males que cometemos, pelas tristezas que causamos, pelas covardias que enfearam nosso caráter e o nome cristão, pela glória que não demos ao vosso nome, por nossos orgulhos, vaidades, mesquinhez e crueldades, por nossa insensibilidade, arrogância e quantas impaciências!

Por todos estes pecados
e por tudo que nos distanciou do coração de Cristo,
batemos no peito e vos pedimos, por Cristo, no Espírito Santo, perdão.
Limpai nosso coração, fazei de nós uma nova criatura,
enriquecendo-nos com o fermento bom da páscoa de Jesus.

Olhando para frente, queremos, com a vossa graça e graças a ela, viver o esplendor da vida, com esperança e coragem, para fora de nós mesmos, em direção a Vós e de nossos semelhantes, de todas as pessoas, sem exceção.

Ajudai-nos a morrer para o velho Adão, crucificando a carne do pecado e alimentando os sentimentos de teu Filho bem-amado. Renovamos nossa disposição em vos servir, em honrar sempre vosso nome, em trilhar o caminho do Evangelho, sendo mensageiros da Boa-nova, servindo à vida e fazendo florescer seu milagre, no respeito e na dignidade, sem medo e sempre agradecidos.

Prometemos olhar a vida como graça, fugindo da tentação de lamentar-nos por tudo que venha a acontecer. Como os Anjos de Belém, queremos anunciar a Paz. Prometemos promover a Justiça, criar condições dignas de vida para todos, consolar os aflitos, os que sofrem, os crucificados, proclamar um ano de graça, e encaminhar nossos irmãos para o presépio de Jesus.

Lutaremos para que Herodes não mate mais criancinhas, defenderemos os pequeninos, os pobres, os marginalizados, os sem-nome, e ficaremos do lado dos entristecidos, dos aflitos, dos que choram, dos que não têm emprego e já perderam o brilho do sol.

Rezaremos para que ninguém desespere diante das durezas da vida, para que ninguém reaja com violência diante do desamor, para que as famílias sejam unidas, os pais amem seus filhos e todos juntos promovam a "civilização do amor" e o Reino dos Céus.

Abençoai-nos,
fazei de cada um e de todos nós uma grande e bonita graça!
Que o novo ano renasça, permanentemente, de nossas mãos
com a graça com que a criação saiu, um dia, das vossas.
E que o mundo vá recuperando,
pouco a pouco, os contornos do paraíso
e apresentando a beleza de uma Jerusalém celeste.

Pelo ano que se foi, vos dizemos: "Obrigado, muito obrigado".
Pelo ano que está vindo, vos dizemos, na fé: "Sim, seja feita a vossa vontade".

Que vosso nome seja glorificado,
que venha a nós o vosso Reino,
e, vos pedimos, por Maria nossa Mãe, e por todos
os santos do céu,
livrai-nos de todo o mal.
Pelos méritos de Cristo, Nosso Senhor.
Amém.

9
Oração do amor perdido

Porque és a fonte do amor e consolador dos aflitos,
te invoco, meu Deus e senhor, e me ajoelho diante
de ti.

Meu coração está ferido e meus olhos, cheios de
lágrimas.
A dor sufoca meu peito e minha língua só sente
amargor.

E te pergunto, rezando e pedindo e quase revolta-
da: por quê?

Por que foi acontecer isto comigo? Por que fui
abandonada?
Não era uma boa esposa, uma mãe dedicada e
cheia de ternura?
Não renunciei a mil coisas e sempre só desejei a
felicidade dos meus?

Sim, como é volúvel o coração humano e fugazes,
nossos sonhos!
Cultivei com mãos de fada o jardim de nossa vida
e só colhi tristezas e espinhos, dores e decepções.
Hoje me sinto sozinha, frustrada e com um senti-
mento de vazio.
Perdi o que era meu, um grande amor, e já não sou
mais de ninguém.
Sozinha, busco me entender e até a perdoar, mas
não consigo.
Se nada fiz de errado, se só e sempre me dei sem
medidas para todos,
por que, meu Deus, responde-me, por que meu casamento fracassou?

Não é só comigo, eu sei. Milhares de casamentos
se desfazem,
lágrimas rolam por toda parte, há milhões de corações despedaçados.

Mas a desgraça alheia não me serve de consolo, apenas a lamento.
Volto-me sobre mim mesma para entender o desfecho de meu drama.

Por quê? Por que tenho que carregar esta cruz tão dolorosa?
Preferiria perder tudo, menos o amor que era tudo que eu tinha.
Tu nos abençoaste e juramos nos amar na alegria e na tristeza,
na saúde e na doença, por todos os dias de nossas vidas, até ao fim.
Nossa lua de mel foi de sonhos, nem parecia que ser de verdade.
Fomos aos poucos construindo nossa vida e enchendo nossa casa,
colocando amor nos quatro cantos e flores sobre a mesa.
A felicidade parecia morar em nosso lar e éramos tão felizes!
Vieram os filhos e nosso casamento ficou ainda mais bonito.
Nossa casa tinha música: a música do chorinho das crianças.
Nossa casa era um paraíso: com a festa de seus trejeitos e gracinhas.

Agora, mergulhada nas trevas, tudo isto me parece ter sido uma farsa.

Será o amor uma mentira, uma ilusão, uma dolorosa frustração?

Pode alguém ser, ao mesmo tempo, verdadeiro e mentiroso,

cheio de afeto e traidor, amoroso e insensível, e até assassino?

Sinto-me morrer por dentro. Meu coração foi apunhalado.

Diz-me, meu Deus e Senhor, que devo dizer, que devo rezar?

Faz de mim uma oração, a tua oração, que a minha é só pranto.

Te ofereço a história de um belo amor e a dor de seu triste fim.

Te ofereço os mil porquês que não me dão resposta alguma.

Te ofereço meus filhos, ainda inocentes para entender o que se passa.

Te ofereço os dias ensolarados e as nuvens, agora, carregadas.

Te ofereço a mulher amada que já fui e a droga que me sinto.

E peço tua ajuda, porque confio em teu poder e no dia de amanhã.

Com tua graça, sei que levantarei a cabeça e darei
a volta por cima.
Com estes braços ainda abraçarei o milagre da vida
que continua lindo.
Desta garganta ainda sairá uma música que mágoa
alguma abafará.
Estes meus olhos ainda conhecerão as lágrimas da
    alegria
e meus filhos dirão, um dia, que tiveram uma grande mãe,
que nem os infortúnios do amor nem os porquês
sem resposta da vida
conseguiram derrotar ou abater.

Se era esta a oração que querias, meu Deus e Senhor,
é esta oração do amor perdido que te ofereço.
Em louvor de Cristo, meu salvador.
Amém.

10
Oração do reencontro e do perdão

Querido Pai do céu, ó Deus grande e bom: quero, hoje, rezar por minha família e colocar em tuas

mãos os corações feridos de meus pais e irmãos.
Vê: nossos olhos estão cheios de lágrimas e uma
esponja de vinagre amarga nossa boca.

Sei que tudo podes e não abandonas a quem amas.
Olha por nós e consola nosso coração.

Os conflitos nos deixam a todos tristes e arrasados.
Vivemos como se fôssemos estranhos uns aos outros, distanciados por um mar de mesquinharias.
Os motivos das brigas são tão insignificantes, enquanto as mágoas parecem ser tão profundas. Um
já não conversa com o outro, nem parece que somos irmãos. Nossos pais estão sofrendo tristes e
resignados, porque veem que ninguém tem a coragem do primeiro passo para a reconciliação.

Tu sabes que fomos uma família unida e maravilhosa. Hoje, já não existe mais Natal que reúna a
todos, nem aniversário, nem doença, nem sobri-
nhos, nem afilhados. Assemelhamo-nos a um rebanho disperso, com saudades do antigo canto dos
pastores.

Toca, te pedimos, ó Senhor, nossos corações
e abranda nossos desentendimentos.
Escuta nossa prece.

Te oferecemos nosso sofrimento.
Que ele tenha a força para resgatar o passado
para que possamos louvar-te juntos
e ser a alegria de nossos velhos pais.
Com o coração partido, suplicamos tua bênção
para as pessoas que se sentem ofendidas.

Meus irmãos não são maus, sentem-se apenas fracos e estão melindrados. Mas, no fundo do coração, todos estão arrependidos e desejosos de se reencontrar. Ajuda-nos, te pedimos, apontando-nos o caminho da paz e do amor.

Todos entendemos que a oração é importante e, por isso, te rezamos. Mas, sozinha, ela não é suficiente. Inspira-nos também a coragem e a humildade de voltar aos velhos e bons tempos. Precisamos perdoar e aceitar o perdão, para quebrar o gelo e aproximar-nos desarmados uns dos outros, sem acusações, sem cobranças, sem medos, prontos para o reencontro e o perdão.

Sonhamos sentar-nos em torno da mesma mesa para comer o pão da concórdia e beber o leite da alegria, assim como nossos pais nos ensinaram quando éramos pequenos.

Querido Pai do céu,
ó Deus grande e cheio de bondade:
nada desejamos mais do que reconciliar-nos uns
com os outros.

Se queres, podes ajudar-nos. Em Jesus, curaste os
leprosos, enquanto nos sentimos de coração manchado. Abriste os olhos aos cegos, enquanto não
experimentamos mais o sol da alegria. Fizeste saltar os coxos, enquanto estamos paralisados, cheios
de ressentimentos. Ressuscitaste até os mortos, enquanto sentimos a morte lenta de nossa família.

De todo o coração, te suplicamos:
Abençoa, ó Pai querido, nossa família.
Reconduze-a pelo caminho do amor e do entendimento.
Dá-nos a graça do abraço da reconciliação,
para que possamos louvar-te de coração leve
e experimentar tua proteção na dor e na alegria
e, principalmente, na festa do reencontro e do
perdão.
Amém.

11
Exaltação da liberdade

Que nunca nos faltem, ó Deus,
o sonho das grandes causas
e a sabedoria das coisas possíveis.

Se tivermos que perder a cabeça,
que seja em favor dos grandes valores
da cidadania e dos ideais comunitários,
e nunca pela vaidade impensada
de paixões mesquinhas e inconsequentes.

Que nosso sangue seja de redenção para os outros
e não de envaidecimento pessoal.

Por outro lado,
que nunca tenhamos medo de derramá-lo,
nem uma prudência covarde de preservá-lo,
quando os tiranos desonram o sangue dos humildes,
ofendendo a dignidade sagrada da vida.

Dá-nos amar sempre, com total paixão, a liberdade
e reverenciar os que derramaram seu sangue sobre
seu altar.
Amém.

12
Oração da casa

Senhor, meu Deus, grande e bom, louvado sejas Tu porque me fizeste à imagem e semelhança do céu que é tua morada. Sei que, mesmo quando sou muito rica, ainda assim não me aproximo do esplendor de tua casa. Não importa! A casa mais linda que existe deve ser a tua. Tu mereces tudo porque és o senhor de tudo e de todos. Mas, confesso-te, por mais humilde que eu seja, sempre desejarei ser apenas uma ainda que pálida lembrança de tua casa. Gosto de ser casa porque a casa tem jeito de céu.

Hoje, quero agradecer-te porque me deste a graça de abrigar a felicidade das pessoas que, quando se sentem tristes e cansadas, sempre me procuram e retornam a mim. Prometo-te sempre acolhê-las com o calor do meu abraço, oferecendo-lhes um espaço em que possam sentir-se bem. Bem sabes que em mim tudo acontece: sou um rio de lágrimas... de tristezas e felicidades. Conheço a história humana que é feita de amor e frustrações, de grandes esperanças e de dolorosas incomunicações.

Não rezo por mim, rezo por eles, homens e mulheres que me habitam, que pisam em meu chão e têm sonhos que ultrapassam minhas paredes. Olha por eles, meu doce Senhor, e abençoa-os. Eles precisam tanto! São, às vezes, tão teimosos e infantis, egoístas e insensíveis! Ajuda-me a protegê-los! Que minhas portas não sejam para aprisioná-los, mas para resguardar sua intimidade e tornar mais bonito o amor de suas vidas. Que, de minhas janelas, sempre contemplem o grande mundo em que vivem, com o desejo de torná-lo mais a casa da paz e fraternidade para todas as pessoas.

Se posso abusar de tua generosidade, meu bom Senhor, gostaria de pedir-te uma grande graça em favor dos pobres que não têm casa nem um cantinho digno para a dura realidade de suas vidas. Assim como desejei que o povo de Belém abrisse suas casas para o nascimento de teu filho Jesus, assim te suplico pelos pobres: que nenhuma criança jamais tenha que nascer num estábulo, entre bois e jumentinhos, mas sempre encontre um berço de amor que celebre o milagre de uma nova vida. Que os pobres tenham casa e que quem tem casa reparta o pão com quem passa fome.

Como casa, não te peço para ser rica e esplendorosa, porque o amor humano não precisa de luxo para ser quente e maravilhoso. Quero ser apenas simples e acolhedora, humilde e de boa paz. Rezo a ti para que o amor sempre vença o ódio e a compreensão, a dureza dos corações. Que nunca ninguém bata uma de minhas portas na cara de uma pessoa amada, decretando a falência de teus eternos projetos de graça e ternura, e dos sonhos humanos de amor e felicidade. E, por último, te peço e confesso: Se não puder ser uma casa de amor, que eu não seja nunca, para ninguém, o espaço para a tristeza da vida. Em louvor de Cristo que nasceu, viveu e morreu sem casa. Amém.

<hr />

13
Oração da panela

Sou uma simples panela, velha e sem luxo, de alumínio pobre e pouco brilho. Ninguém me olha, não tenho admiradores, apenas me usam quando precisam de mim. Depois me largam pro lado, vivo sempre meio escondida, como se os donos tivessem vergonha de mim. Nunca vou à mesa, sou apenas uma intermediária: me usam para fazer comida que travessas reluzentes levam para os aplausos dos comensais.

Assim é minha vida: não tem brilho, não apresenta luxo, apenas serve para ser usada. Os aplausos são para os outros. Mas não nego, mesmo quando esquecida, que me sinto útil e que já fiz muita comida boa para muita gente chique. Mesmo assim, não reclamo de nada, não invejo a ninguém, nem desejo despertar admiração e encantamentos. Apenas agradeço a Deus a graça de ser uma simples panela que faz boa comida para o exigente paladar de uma estranha e, quase sempre, ingrata clientela. Em louvor de Cristo. Amém.

14
Oração da bengala

Obrigado, Senhor Deus, grande e bom, por todas as bengalas, amadas ou não, queridas ou temidas, que me fizeram chegar até este dia. Foram muitas, algumas familiares e amigas, outras duras e nodosas. Umas e outras me ajudaram, todas me fizeram progredir na caminhada.

E perdão pelas vezes em que fui uma falsa bengala na vida das pessoas que confiavam em mim. Nem sempre as amparei com prudência e sabedoria, como devia. Já fui causa de quedas e tristezas, de frustrações e fraturas. Me perdoa!

Peço-te, hoje, apenas a graça de ser uma bengala simples e verdadeira, mesmo se pendurada no parapeito de uma janela, encostada nas costas de uma cadeira,
e, quando já fora de uso, esquecida num canto da casa ou largada atrás de qualquer porta. Lá, onde estiver, quero louvar teu nome e sempre lembrar-me de que és meu Deus e salvador. Em louvor de Cristo. Amém.

15
Oração dos namorados

Ó Senhor, grande e bom,
fonte de todo amor e riqueza dos corações,
em tuas mãos entregamos nosso namoro
e nossos sonhos de felicidade.

Foste Tu que criaste o coração humano
e nele colocaste a chama da paixão.
Abençoa nossos desejos!
Dissipa nossas incertezas!
E dá beleza aos nossos caminhos!

Por tua bondade e pela intercessão de Nossa
   Senhora
e de Santo Antônio, o "santo casamenteiro",
protege a todos nós, namorados!
Purifica nosso olhar!
Cria em nós um coração grande e generoso,
sempre pronto para a festa,
corajoso e disposto a renunciar ao mal,
cortês e desejoso do Bem,
e feliz por estar amando!

Reconhecemos, com humildade,
que ainda estamos verdes para amar de verdade,
mas já nos sentimos maduros para viver o milagre
do amor.

Te pedimos que o joio do ciúme não sufoque a beleza do amor!
Que pequenos desentendimentos não impeçam o
florescimento dos sonhos!
Pelo muito que nos queremos,

que tenhamos a coragem de a tudo abandonar
para nos doarmos sem reservas, na admiração e na
alegria!

Que ele(a) seja a pessoa certa, o(a) companhei-
ro(a) ideal!
Livra-nos de desilusões amargas e desencantos
dolorosos!
Que sejamos fiéis um ao outro!
Ensina-nos a dizer "sim" e "não" sem ferir ou ma-
goar a pessoa amada.
Que a beleza da vida seja ainda mais bonita pela
graça de estarmos amando.
Te pedimos por todos os namorados do mundo.
Dissipa as dúvidas de seus corações!

E se não tivermos namorado(a),
que não deixemos de estar enamorados da graça
de viver!
Dá-nos fé e confiança para nunca desanimar
sempre acreditando nas promessas de amor de Jesus Cristo!

Diante de teu olhar e bem junto de teu coração,
segredamos o nome de nosso(a) namorado(a),
neste minuto de paz e oração.
Por ele(a) rezamos, pedimos e agradecemos. (*Pausa*)

Muito obrigado, Senhor!
Fica conosco e cuida de nós!
Alegremente, somos teus!
Abençoa nosso namoro! Amém.

16
Oração para o Dia das Mães

Diante de ti, ó Senhor Deus, grande e bom,
que és nosso Criador e Salvador, Pai e Mãe,
derramamos nossos corações de filhos para te adorar e amar,
e confessar o quanto te queremos com todo o entendimento,
com todas as forças do nosso ser e com todo o coração.

Muito obrigado, Senhor, por nossas mães,
de quem recebemos o sopro de tua vida.
Elas foram a primeira pulsação de vida que experimentamos,
vida da qual és a fonte, o sustento e o destino.

Hoje, no Dia das Mães, nós te suplicamos por elas.
Abençoa-as e cobre-as com teu manto protetor,
assim como elas nos abençoam
e protegem com tanto amor e sempre cheias de
cuidados.

Consola-as em seus sofrimentos e fortalece-as em
suas lutas.
Dá-lhes sempre disposição de espírito para nos in-
dicar o caminho do bem
e uma palavra lúcida para nos cobrar responsabili-
dades diante da vida.

Afasta delas todo tipo de tristeza.
Que nenhum filho ouse abandoná-las.
Mas que se sintam amadas e queridas
pelos filhos que tanto amam e aos quais só querem
    bem.

Reconhecemos nelas tua presença de amor e
    salvação
e te prometemos, neste dia tão bonito, amá-las e
protegê-las sempre,
para que acreditem no teu amor e na força da tua
    bênção.

Obrigado, muito obrigado pela querida mãe que temos na terra.

Obrigado, muito obrigado, também, por Maria, a mãe querida que temos no céu.

Amém.

17
Abraça-me

Homenagem aos pais

Abraça-me, meu pai!
Abraça-me com teus braços grandes!
Aperta-me contra teu peito, fortemente!
Quero me sentir perdido em teus braços,
escutando a batida de teu coração.

Abraça-me!
Sou teu filho e me sinto tão pequeno.
És meu pai e te vejo tão grande.

Abraça-me!
Olho-te com admiração e gosto de ser teu filho.

Tenho teu sangue, tua cara, e o teu jeito de andar, de rir e de ser.

Abraça-me!
Ajuda-me a crescer.
Quero crescer sob teus olhos, acreditando no milagre da vida.
Tu me deste a vida e eu gosto da vida porque gosto de ti.

Abraça-me!
Traça em minha fronte o sinal de amor do Pai do céu.
Cobre-me com a bênção de Deus.
Que eu seja uma bênção para ti, assim como és a bênção dele para mim.

Abraça-me!
Esquece minhas peraltices.
Sou um pouco levado porque tenho muita energia.
Às vezes exagero, eu sei, mas faço o que faço apenas para chamar mais tua atenção e merecer mais teu carinho.
Me perdoa!
Diante de minhas travessuras, como gosto de teu sorriso cúmplice,
neste teu rosto que nem sabe ficar sério.

Desculpa-me e abraça-me, depois!
Ensina-me que meus defeitos não têm grande
   importância,
que são tolices próprias de minha idade.

Quero olhar para ti,
sempre encontrando um rosto compreensivo,
uma palavra amiga
e um abraço acolhedor.

Abraça-me, pois!
Chama-me de "meu filho" e deixa-me chamar-te
de "meu pai".
Quando os outros me perguntam quem sou eu,
digo que sou teu filho e que, um dia, quando grande, serei como tu.
Fica pertinho de mim, enquanto faço a lição do
   colégio.
Depois, convida-me para sair contigo, para passear
na praça.
Adoro sentir tua mão sobre meu ombro.
Leva-me para tomar um refrigerante, enquanto to-
mas tua cerveja,
ou, melhor, vamos ao Maracanã para ver um Fla-Flu.
Quero fazer contigo a festa da vida.

Ah, meu pai, dá-me teu abraço!
Nada mais quero do que senti-lo e saber que tens
orgulho de mim,

assim como eu tenho de ti.
Sempre direi a todo mundo que és meu pai,
um homem digno, uma pessoa de caráter e que me sinto feliz em ser teu filho.

Que mais te posso dizer, hoje, no teu dia, no Dia dos Pais,
senão obrigado, muito obrigado?
Eu te amo muito!
Que Deus te abençoe sempre e sempre.

E deixa, agora, que te abrace com meus pequenos braços,
mas com todo o amor de meu enorme coração de filho,
porque tu, somente tu, és meu pai.
Amém.

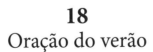

18
Oração do verão

Louvado sejas, meu Senhor, pelo verão que nos lembra o fogo e a fornalha do teu coração! Verão é sol, muito sol, e o sol é imagem do esplendor de tua vida que a todos aquece e abraça. Diante de ti, sentimo-nos abrasados de amor e despojados de todas nossas pequenas vaidades. O verão nos convida para a festa da vida e para o canto da alegria. Sentimos vontade de dançar como Davi diante da Arca da Aliança ou de andar como os peregrinos que se dirigiam para a cidade santa de Jerusalém. No verão, nosso coração se dilata e nossos braços se abrem para a festa do encontro com os irmãos. A natureza parece transbordar e a pulsação da vida tem natureza de participação. Assim queremos viver como se a vida fosse um eterno verão: de coração aberto e a caminho, despojados de ambições pessoais e em direção dos destinos comuns, tendo à frente tua luz e, por dentro, a chama da alegria de tua presença. Dá-nos, te pedimos, um coração quente e alegre. Que, por nossa causa, ninguém morra de frio ou de tristeza. Ajuda-nos a ter o calor da palavra amiga e a disposição dos projetos comunitários. Que o verão nos ensine a ser mais alegres e participativos, mais desarmados e mais parecidos contigo. Em louvor de Cristo. Amém.

19
Oração do outono

Louvado sejas, meu Senhor, pelo outono, uma estação sem muita graça e meio indefinida nos trópicos. Outono é temperatura amena, são folhas que amarelecem e caem, é imagem dos cabelos que mudam de cor e da vida que vai entrando em seu declínio. Há os que gostam do verão, outros da primavera e, até, do próprio inverno. Do outono, poucos falam. Há pessoas que se parecem com esta estação: passam sem chamar grandemente a atenção. E, no entanto, fazem parte da grande vida. Hoje, queremos te agradecer por estas vidas desapercebidas, mas importantes. Elas são a grande graça que permite a transição do quente verão para o frio inverno. Sem elas, o choque entre estas duas estações tão extremas seria insuportável. Por isso, de todo o coração, muito obrigado pelo outono e por todas as vidas que a ele se assemelham. São vidas que, talvez, não ensejam grandes comemorações, mas que propiciam transições suaves e indolores. Dá-me, Senhor, um espírito de outono, humilde e serviçal, simples e secundário, que suavize os calores do verão e prepare as pessoas para as agruras do inverno. Não te peço grandes coisas, mas apenas a graça de viver e servir com a suavidade de uma estação tão singela, mas tão importante para o equilíbrio da tua criação. Em louvor de Cristo. Amém.

20
Oração do inverno

Louvado sejas, meu Senhor, pelo inverno que nos leva ao recolhimento. Inverno é frio, mas intimidade, é neve, mas companhia aconchegante. Queremos começar pedindo-te perdão por sermos tão superficiais e tão pouco profundos, por vivermos tão distraídos e tão pouco atentos às graças e moções de teu Espírito. Perdão, ainda, pela pouca intimidade e cultivo da vida espiritual e fraterna. Te suplicamos que não desanimes conosco, quando nos vês tão esquecidos de ti, satisfeitos e mergulhados nas roupas quentes das nossas pobres conquistas. Generosamente perdoa-nos, mesmo sorrindo diante de nossas faceiras infantilidades. Prometemos-te que, de agora em diante, daremos mais atenção à tua presença na história do mundo e em nossa vida particular. Viveremos mais antenados em ti, mais plugados em tua energia, pois és o hóspede mais querido de nossos corações. E como prova de nossos cuidados por ti, cuidaremos melhor dos pobres para que não sofram tanto com os rigores do inverno. Cuidaremos também de todos os que sofrem o frio do isolamento e da falta de amor. Nossa presença junto a eles será uma expressão de nossa atenção à tua presença em nossas vidas. Em louvor de Cristo. Amém.

21
Oração da primavera

Louvado sejas, meu Senhor, pela festa da primavera. Primavera é vida nova e saudades renovadas do paraíso perdido. Depois de um inverno frio e chuvoso, em que vivemos recolhidos e fechados, finalmente a força da natureza começa a reverdecer as árvores, a encher o ar com o canto dos passarinhos e os jardins, com o perfume das flores. E nós, cheios de alegria, sentindo a pulsação da vida, te agradecemos o início da primavera, esta estação que nos lembra a exuberância das tuas graças e a beleza do teu amor. Nosso coração se dilata e sentimos mais vontade de viver como irmãos. Queremos amar-te ainda mais, oferecendo-te todas as flores das estradas e a riqueza que brota em nossos campos. Sentimos por toda a parte a força transbordante do grande milagre da vida, do qual és a origem e o grande amigo. Tudo é teu e nada existe longe ou fora da tua mão. Tu cuidas dos altos montes e das flores mais pequeninas. Tuas são também as crianças que nascem e os seres todos que vivem. Obrigado por tudo. E assim como toda a natureza está florescendo, que refloresça a paz e a fraternidade, os bons sentimentos e a justiça, a cidadania e a dignidade, o entendimento e a concórdia, a alegria e a "civilização do amor" entre as pessoas. Em louvor de Cristo. Amém.

22
Oração de janeiro

Mês da Fraternidade Universal e da Paz, de Maria Mãe da Igreja, do Santo Nome de Jesus e dos Reis

Magos, de São Sebastião, São Francisco de Sales e São João Bosco, de Santo Antão e São Vicente Palotti, de São Paulo de Tarso e dos apóstolos Timóteo e Tito.

Grande e bom Deus, Tu és a origem de todos os caminhos e todos eles convergem para ti. Tu és o senhor do tempo e o tempo de nossa vida a ti pertence. Ele é graça que nos concedes para que honremos teu nome e façamos florescer o milagre da vida. Neste começo de ano, entregamos aos teus cuidados de Pai todos os dias que nos concederes viver. Queremos vivê-los para ti e para nossos irmãos, sempre no esquecimento de nós mesmos. Dá-nos, neste ano, uma grande paixão pela vida: que sejamos dela bons pastores, ardentes profetas e encantados poetas. Que não sejamos tristes, nem entristeçamos ninguém. Que não sejamos ranzinzas ou presunçosos, nem humilhemos nossos semelhantes. Mas que só busquemos, na alegria e na simplicidade, o caminho da paz e do bem. Dá-nos espírito de oração e disposição para o sacrifício. E que estejamos sempre prontos para a festa e sejamos fortes diante dos desafios. Em louvor de Cristo. Amém.

23
Oração de fevereiro

Mês de Nossa Senhora da Candelária ou dos Navegantes, de São Brás, do Apóstolo São Matias e de Nossa Senhora de Lourdes, do Carnaval e início da Quaresma.

Grande e bom Deus, nós te louvamos por fevereiro que é o mais curto dos meses, embora abrigue, quase sempre, a alegria do Carnaval e o começo da Quaresma. Mesmo sendo menor que os outros, não lhe falta, no entanto, espaço para a irregularidade dos anos bissextos. Não nos preocupa, Senhor, não sermos tão grandes quanto os outros, se pudermos acolher seus excessos para relevá-los e se nos for dado celebrar com nossos semelhantes suas alegrias e carnavais, seus momentos de cinzas e penitência. Inspirados em fevereiro, te oferecemos a complexidade que é a vida, que tem Carnaval e Quarta-feira de Cinzas, férias e tantos percalços. Ah, como gostaríamos de ter espírito de fevereiro! Não reclamaríamos, então, da seriedade que a vida exige nem nos excederíamos nos carnavais que ela nos oferece. Mas a tudo isto colocaríamos diante de ti, em forma de oração, como hóstia de suave perfume, na alegria e na aceitação. Em louvor de Cristo. Amém.

24
Oração de março

> *Mês da festa da Anunciação, de São José e São Bento, de Santa Luísa de Marillac e das santas Perpétua e Felicidade, de Santo Tomás de Aquino e do Arcanjo São Gabriel.*

Grande e bom Deus, exaltado seja por todo o sempre teu santo nome e a pessoa do Divino Espírito Santo que, com sua luz e sombra, cobriu Maria, a virgem sempre virgem, gerando Jesus, nosso Deus e salvador. Que festa maior poderia teu amor de Pai propiciar a teus filhos do que a festa da encarnação de teu Filho unigênito? Neste mês, três vezes bendito, teu céu abraçou a terra e uma simples mulher recebeu em seu seio a semente da divindade fazendo-nos a todos divinos e imortais. Que mais poderíamos querer, em nossa pobreza, do que ter a riqueza do próprio Deus em nossa casa humana? Que toda a humanidade toque violões e violinos, cítaras e címbalos sonoros e retumbantes porque, em março, Deus se fez carne em nossa carne, gente de nosso povo, e tomou corpo no seio da virgem Maria. Obrigado, ó Deus grande e bom, três vezes muito obrigado por este bem-aventurado mês de março no qual aparece, na história, teu santíssimo rosto. Em louvor de Cristo. Amém.

25
Oração de abril

Mês da Páscoa e da Semana Santa, de São Marcos, o evangelista, de São Jorge, o guerreiro, de Santa Catarina de Sena, a estigmatizada, e de São João Batista de la Salle.

Grande e bom Deus, seja exaltada por todo o sempre tua mão onipotente que ressuscitou Jesus, nosso Salvador. Nossa noite virou dia, nossa tristeza, alegria e nossos medos se fizeram cantos de vitória. Obrigado por abril, o mês feliz de nossa exultação humana e espiritual! Já não temos mais medo da morte porque Jesus está vivo. Já podemos subir as escadarias do templo e proclamar: Jesus ressuscitou verdadeiramente! Alegrai-vos, cristãos e pagãos, homens e mulheres de todas as raças e credos, porque o demônio foi amarrado para sempre pelo vencedor da morte, Nosso Senhor Jesus Cristo! Temos um fermento novo e somos novas criaturas. Já não estamos perdidos nem somos um rebanho destinado ao matadouro. Pelo contrário, nossos túmulos já guardam uma promessa de vida eterna e sobre eles está assentado o "anjo da ressurreição". Por Ele, com Ele e nele sejam dados à Santíssima Trindade honra e poder, glória e louvor por todos os séculos dos séculos. Em louvor de Cristo. Amém.

<hr />

26
Oração de maio

> *Mês de Nossa Senhora e do Dia das Mães, do operário São José, da Invenção da Santa Cruz e dos apóstolos São Felipe e São Tiago, o menor, de Santa Rita de Cássia e Santa Joana d'Arc.*

Grande e bom Deus, seja o teu nome bendito no mês de Maria, no mês das Mães, das Noivas, no mês mais bonito do ano! Tu, por seres criador e senhor da vida, sabes que nela alegrias e sofrimentos se alternam, que ninguém é só feliz e que mesmo o pobre mais lascado tem olhos brilhantes e uma divina luz escondida em seu coração. Foi por isso, com certeza, que escolheste uma humilde serva para ser a mãe venturosa de teu filho Jesus. Ela foi "cheia de graça" e gerou, por obra do Espírito Santo, a graça maior, o evangelho vivo chamado Cristo Jesus. Muito te agradecemos por este milagre inimaginável e por este mês bendito dedicado à tua Mãe e a todas as mães. Derrama sobre elas as tuas bênçãos e consola-as por nós, seus filhos. Que se mirem em Maria e, mesmo entre dúvidas, vivam com alegria o mistério da maternidade. Queremos ser como Jesus, para que nossas mães possam ser como Maria. Em louvor de Cristo. Amém.

27
Oração de junho

Mês da Festa de Pentecostes, de Corpus Christi *e da Santíssima*

Trindade, de Santo Antônio e São João Batista, de São Pedro e São Paulo, de São Marcelino Champagnat e do Beato José de Anchieta.

Grande e bom Deus, fonte de todo amor e riqueza dos corações, em tuas mãos entregamos nossa vida e nossos sonhos de felicidade. Foste Tu que criaste o coração humano e nele colocaste a chama da paixão. Abençoa nossos desejos, aceita nossos limites e dá força aos nossos projetos. Reconhecemos que ainda estamos verdes para amar de verdade, mas já nos sentimos maduros para viver o milagre do amor. Que o joio do ciúme não sufoque a beleza do amor e que pequenos desentendimentos não impeçam o florescimento dos sonhos. Que sejamos fiéis um ao outro e nos respeitemos mutuamente. Ensina-nos a dizer "sim" e "não" em vista do bem comum, sem magoar a pessoa amada. Dissipa as dúvidas dos corações dos casados. Que se amem de verdade diante de teu rosto de Pai e sejam por ti abençoados. Muito obrigado, Senhor! Fica conosco e cuida de nós! Alegremente, somos teus, hoje e sempre! Em louvor de Cristo. Amém!

28
Oração de julho

Mês do Preciosíssimo Sangue de Jesus, de Sant'Ana e São Joaquim, de São Camilo e São Vicente de Paulo, de Santo Inácio de Loyola e dos apóstolos Tiago, o maior, e Tomé, o que duvidou, de Santo Antônio Maria Zaccaria e da Bem-aventurada Madre Paulina, de São Bento e de Santa Marcelina.

Grande e bom Deus, Tu foste chamado de Pai por Jesus Cristo, Nosso Senhor. Mas Tu és também um bom e paciente vovô, sempre pronto a acolher e perdoar as peraltices de teus netinhos, que somos nós. Que bom podermos olhar para ti e sabermos que nos olhas com graça e não nos castigas quando tentamos ser felizes por outros caminhos que não os teus! Como um bom vovô, as portas de tua casa estão sempre abertas quando para ela voltamos frustrados. Dá-nos a graça de não perder nunca o teu endereço, mesmo quando, cobertos de pó e andrajos, pés feridos e coração em frangalhos, nos sentimos perdidos. Que possamos, então, em teu regaço de bom vovô, reencontrar confiança para viver e continuar cantando o milagre da vida.

Acorda sempre em nós as saudades de ti. Querido Deus, de longas barbas e rosto de vovô, abençoa teus netinhos em julho, agosto e setembro, e em todos os meses do ano. Em louvor de Cristo. Amém.

29
Oração de agosto

> *Mês da Transfiguração do Senhor, de Santo Afonso e São Domingos, do Santo Cura d'Ars e Santa Clara, de Santo Agostinho e da Assunção de Nossa Senhora, de São Maximiliano Kolbe, Santa Rosa de Lima e do Apóstolo São Bartolomeu.*

Grande e bom Deus, oferecemos-te este mês que é de férias no hemisfério Norte e costuma ser trágico para nós, brasileiros. Ele parece sempre reservar-nos nuvens carregadas e ameaçadoras para nossa vida política e social. Na verdade, não somos só sonhos, somos pesadelos, também. Não nos abandones no vale das sombras, quando os perigos parecem cercar nossas casas. Como os discípulos de Emaús, te pedimos: fica conosco porque anoitece.

Tu és nossa Luz e nós precisamos da tua companhia. Sozinhos, temos medo da noite e não sabemos para onde ir. Oferecemos-te nossos traumas e frustrações, a cruz que, às vezes, nos pesa tanto e pedimos: fortifica nosso ombro para carregá-la com coragem e dignidade para que seja de salvação para nossos irmãos e de honra para teu nome. Agosto não é só mês de dúvidas e sobressaltos, é também o mês da tua Transfiguração e da Assunção da Virgem Maria, tua e nossa mãe. Em louvor de Cristo. Amém.

30
Oração de setembro

Mês da Natividade de Nossa Senhora, das chagas de São Francisco, do Apóstolo São Mateus e do biblista São Jerônimo, do Dia da Pátria e do início da primavera, de São Vicente de Paulo e dos santos Cosme e Damião.

Grande e bom Deus, louvado seja teu santo nome e honra e glória sejam tributadas a ti, ó Deus, três vezes santo, Pai, Filho e Espírito Santo, pelas quatro estações do ano e, principalmente, pela primavera, estação de flores e canto de passarinhos, de clima suave e desejo de viver! A ti consagramos nossa vida e confiamos nossos destinos. Tu és o começo de nossa história e o endereço de nossos caminhos. De ti saímos, para ti vivemos e a ti voltamos. Por tuas graças, em ti somos, em ti nos movemos e para ti existimos. Tu és nosso Caminho, Verdade e Vida. Nada somos, mas pertencemos a ti, ó Deus onipotente. Acolhe-nos com bondade e perdoa nossas fraquezas, com generosidade. Diante de tua majestade, dobramos, humildemente, nossas cabeças e, de coração confiante, confessamos nosso amor e proclamamos nossa fé. Queremos ser arautos do teu Reino, ovelhas de teu Rebanho e operários de tua Vinha. Em louvor de Cristo. Amém.

31
Oração de outubro

Mês dos Santos Anjos, de Santa Teresinha e São Francisco de Assis, de Nossa Senhora do Rosário, dos apóstolos São Lucas, São Simão e

São Judas Tadeu, de São Benedito, o preto, e de Nossa Senhora Aparecida, de Santa Úrsula e Santo Antônio Maria Claret.

Grande e bom Deus, Senhor do céu e da terra, tuas são as profundezas dos abismos mais ignotos e és o senhor da intimidade dos corações. Tu, também, és o Deus dos anjos e dos santos e, ao mesmo tempo, dos insetos e animais selvagens, das flores dos jardins e dos cactos do deserto, dos regatos e dos mares, da água e do fogo, do irmão sol e da irmã lua. Tu és a bênção e a bem-aventurança de tudo quanto existe. Teu é o sopro da vida e tua é a páscoa da morte. Que mais podem as criaturas desejar senão reverenciar teu santo nome e cantar tua glória? Pois, em ti, todos somos, nos movemos e existimos. Criados por ti, a ti pertencemos e de ti não podemos fugir. Todos os seres carregam tua marca e todos por tua santidade são sustentados e serão, um dia, julgados quando os chamares à tua presença. Dá-nos tua graça para que nos assemelhemos sempre mais ao teu filho Jesus, em louvor de quem rezamos. Amém.

32
Oração de novembro

Mês de Todos os Santos e dos Mortos, de Santo Alberto Magno e Santa Cecília, de São João da Cruz e do Apóstolo Santo André, de Santa Catarina e Santa Isabel.

Grande bom Deus, que é o homem para dele te lembrares? Somos como a flor que hoje floresce e amanhã já se encontrará murcha. Ou como o sopro da vida que hoje respira e amanhã jaz sem alento. Somos um nada, um miserável vermezinho, um grão de areia que não faz pender a balança. Tu, no entanto, tens piedade de todos, pois todos te pertencem. Em todos achas graça e para com todos és misericordioso, porque tudo podes, ó Deus, grande amigo da vida! Dá-nos, te pedimos, teu espírito santo, para que tenhamos paixão por tua santidade, abominemos o mal e nos afastemos das trilhas do pecado. Que a nossa grande tentação sejas Tu, ó Deus de toda beleza e do milagre da vida! Que só aspiremos mergulhar no mar da tua Trindade Santíssima e sejamos os eternos peregrinos da tua Sarça Ardente. Abençoa nossa vida e te oferecemos nossa morte. Em louvor de Cristo. Amém!

33
Oração de dezembro

Mês do Natal, da Imaculada Conceição e da Família, de São Nicolau e Santa Luzia, dos apóstolos São Tomé e São João, de Santo Estêvão e São Silvestre, de São João da Cruz e São Francisco Xavier, de Santa Francisca Cabrini e dos Santos Inocentes.

Grande e bom Deus, Tu nos conduziste pelos dias deste ano até este último mês. Quantas coisas aconteceram, quantos encontros e desencontros, quantos acertos e desacertos em minha vida e na vida de meus irmãos! Começamos o ano sonhando alto; estamos terminando-o com os pés no chão. Nem sempre vivemos em tua presença ou honramos teu santo nome; por isso, te pedimos perdão. Mas, muitas vezes, fizemos o bem e amamos nosso próximo, lembrados de ti: por isso, te agradecemos. Agora, estamos dentro do último mês, no mês da Imaculada Conceição e do Natal de teu Filho Jesus e nos perguntamos: Por que nasceria Jesus quase no fim do ano? Não seria para dizer-nos que é para tomar de novo em nossos braços a vida fresquinha, como um recém-nascido, e recomeçar a viver uma nova aventura com tuas bênçãos? Dizendo-te "muito obrigado", assim o faremos, em louvor de Cristo. Amém.

Parte II

A Bíblia tem 150 salmos, curtos ou longos, de louvor e imprecação, de ação de graças, súplica e lamentação, bem diversificados em seus temas e formas, que retratam a fé, a alma religiosa e as circunstâncias da vida social e política do povo eleito.

Os salmos, além de poesia, eram oração, e pela oração o povo se punha na presença e falava com Deus. Entregava-lhe sua história, pedia-lhe proteção, exaltava seu nome.

Se os salmos tinham Deus como destinatário de uma confiança, expressavam a vida dos orantes com seus problemas e exaltações.

Rezar não era, para o povo, senão derramar o coração diante de Deus.

34
Salmo de adoração

Grande e bom Deus, Pai de Nosso Senhor Jesus
Cristo,
fonte do bem, de todo o bem, do sumo bem
universal!

Ó Deus da Esperança e da Paz,
consolador dos aflitos e recompensa dos justos,
saúde para os doentes e perdão para os pecadores!

Ó Deus, rico em misericórdia e bom pastor dos
destinos humanos,
nosso caminho, verdade e vida,
riqueza para os pobres e segurança para os que
buscam a luz e o bem!

*Nós vos adoramos porque sois nosso Deus para
sempre!*

Querido Deus, grande e bom, senhor do céu e da
terra,
dos abismos mais profundos e da intimidade dos
corações,

o universo todo não é grande suficiente para vos
abarcar,
mas o presépio foi berço para vossa humildade!

Criastes, ó Deus, o mundo e todos os seres visíveis
e invisíveis,
sois o Senhor de tudo quanto existe,
mas a cruz foi vosso trono de dor, de glória e
salvação!

Tudo, na verdade, saiu de vossas mãos abençoadas
e onipotentes,
mas nossos pecados vos imobilizaram com três
pregos
e silenciaram vossa palavra com uma esponja de
vinagre.

Nós vos adoramos porque sois nosso Deus para sempre!

Querido Deus, grande e bom, nós, vossas pequenas criaturas,
salvas pelo Sangue de vosso Filho Jesus,
confessamos, na gratidão e na alegria,
que sois a origem e destino de nossas vidas!

Só Vós sois Santo, Santo, Santo, três vezes Santo,
sois fogo que abrasa e vento impetuoso que espanta os medos,

majestade que ofusca e doce hóspede de nossas almas!

Diante de Vós sentimo-nos pequenos e pecadores,
pobres mendigos e indignas criaturas,
mas, ao mesmo tempo, confiantes e perdoados,
salvos e agraciados pela vida e amor de Jesus
que nos autoriza a proclamar de coração aberto e sem medo:

Nós vos adoramos porque sois nosso Deus para sempre!

Querido Deus, grande e bom,
que mais podemos vos dizer, se tudo já conheceis?
Que mais podemos vos oferecer, se tudo já vos pertence?
Que mais desejais que façamos, se somos apenas servos inúteis?

De que podemos gloriar-nos,
senão de sermos filhos do Deus único e verdadeiro?
Que outro salvador podemos querer,
senão Jesus Cristo, nosso rei e senhor?
Que outro orgulho podemos experimentar,
senão o de sermos seus seguidores?
Que outra alegria nos faz cantar,
senão a que nos dá a fé e nos diz que somos vossos?

Não somos nada, é verdade, mas pertencemos a
Vós,
somos felizes porque não sabemos viver longe de
Vós,
temos luz nos olhos porque sois o sol de nossos
caminhos,
temos música no coração, porque sois a canção que
nossos lábios cantam;
por isso, como os Reis Magos adoraram a Jesus,
também nós proclamamos:

*Nós vos adoramos porque sois nosso Deus para
sempre!*

Querido Deus, grande e bom, mesmo pobres, queremos fazer chegar a Vós
nosso *salmo de adoração* em nome de todo o
universo,
queremos honrar vosso nome, hoje e sempre,
e confessar que sois nossa bênção e salvação, na
vida e na morte!

Abençoai nossa vida e dai-nos experimentar vossa
misericórdia,
ajudai aos pobres e humilhai os insolentes,
para que não sufoquem a esperança dos que confiam em Vós,

sede fortaleza para os fracos e luz para o caminho
dos bons e maus!

Dai-nos um coração bom e amigo,
aumentai nossa alegria de viver
e a graça de partilhar vossos dons com os outros!

Que nunca nos falte a humildade de reconhecer-
-nos pequenos
e a gratidão por tantas graças recebidas!
E que na dor e na alegria, durante a vida e na hora
da morte,
possamos viver e morrer proclamando:

Nós vos adoramos porque sois nosso Deus para sempre! Amém.

35
Salmo de ação de graças

Pelos caminhos da vida, sempre buscarei os caminhos de Deus,
que me criou com amor e me destina para sua eterna felicidade.

Todas as manhãs, Ele me acorda para a graça da
vida
e, todas as noites, me protege contra os fantasmas
do mal.

Socorre-me nos perigos contra as tentações do
inimigo
e orienta meus passos nas sendas da paz e do bem.

Mesmo nos perigos, sua presença ilumina minhas
dúvidas
e, nas tristezas, seus cuidados enchem de consolo
meu coração.

Quando os inimigos barram meus caminhos e me
ameaçam,
seu poder me protege, sua mão me conduz e eu
nada temo.

Quero por isto louvá-lo e exaltar eternamente seu
santo nome,
rendendo-lhe graças porque, como Pai, Ele zela
por seus filhos.

Obrigado, Senhor, de todo o coração, porque me
amas sem medida,

e porque abençoas homens e mulheres, o universo
e toda a criação.

A ti sejam dados honra e louvor, glória e poder
para sempre.
Que todos sempre agradeçam pela graça da vida e
pela alegria de viver.
Em louvor de Cristo, teu Filho e nosso Salvador.
Amém.

36
Salmo da felicidade

Minha felicidade é ser de Deus e viver para Ele,
sentindo seu amor e nele encontrando a paz.

Pois Ele me socorre quando me sinto fraco
e em seu poder repousa e confia meu coração.

Ele é força e salvação, vida e segurança,
escuta minhas preces e abençoa meus irmãos.

Antes que eu nascesse, já lhe pertencia.
Agora, me acompanha porque me ama e sou seu.

Por isso exulto de alegria e canto seus louvores
e nada mais desejo que honrar seu santo nome.

Derrama sobre o mundo graça sobre graça
e a todos protege com seu braço onipotente.

Fez de Cristo nosso irmão e de Maria, nossa mãe.
E a todos oferece vida nova e salvação.

Ninguém é mais, ninguém é menos. Só Ele é
soberano.
O mesmo sol, a mesma chuva derrama sobre bons
e maus.

Que mais lhe pediríamos se já temos sua graça?
Que mais oferecer-lhe se já é senhor de nossa vida?

Que o mundo inteiro cante o nosso Deus,
e que todas as pessoas vivam para Ele.

Terra e mar, sol e lua, homens e mulheres
cantemos a Deus Pai, Filho e Espírito Santo.

Pois nossa felicidade está nas mãos de Deus
e só a sentem os que seguem seus caminhos.
Em louvor de Cristo, Nosso Senhor. Amém.

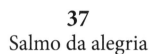

37
Salmo da alegria

Cante ao Senhor a terra inteira
e exalte todo mundo suas maravilhas,
porque Ele é generoso, grande e bom,
rico em misericórdia e sempre pronto para o perdão.

Ele cobre de bênçãos seus amados
e abre suas entranhas aos pecadores.
Lembra-se de quem geme de aflição
e socorre os que invocam seu santo nome.

Minh'alma respira e exulta de alegria
e meu coração é só felicidade.
Diante dele dobro meus joelhos
para louvá-lo, bendizê-lo e adorá-lo.

Protege, ó Senhor, a todos os teus filhos
e que ninguém se sinta só e desamparado.
Como a mãe que cuida de sua prole,
estende tuas mãos sobre todos meus irmãos.

Te agradeço porque estás bem junto a mim,
meu espírito respira a paz de tua presença.
Nada mais te peço porque te tenho,
nada mais desejo porque sou teu para sempre.
Amém.

38
Salmo da verdade

Grande e bom Deus, na verdade, *quem sois Vós?*
Vós sois a fonte de tudo quanto existe e o criador
de todas as criaturas.
Vós sois o destino dos nossos destinos
e o mestre e salvador dos nossos caminhos.

Esta é a nossa confissão: nós vos adoramos,
pois Vós sois o Deus três vezes santo.

Nós vos amamos,
pois Vós amais e não abominais a nenhum de vossos filhos e filhas.
Confessamos nossa fé em Vós,
pois Vós admirais a obra de vossas mãos
e a cobris com a graça do vosso beneplácito.

Permiti que digamos: é bom viver para Vós e ser vosso!
É bom sentir-se protegido por vossas mãos onipotentes
e experimentar a ternura e a misericórdia de vosso coração de Pai.

E *quem somos nós?* Não somos nem deuses nem demônios,
não somos nem anjos nem réus condenados ao inferno.
Somos humildes criaturas, obras de vossas mãos.
Fomos feitos à imagem e semelhança de Jesus
e carregamos em nós a saudade do paraíso perdido.

Porque este é o salmo da verdade,
escrito mais com o coração do que com a cabeça,
permiti que vos ofereçamos os santos e pecadores,
os pobres e os poderosos que terão o mesmo fim,
as almas pequeninas e os fariseus presunçosos
que vivem e respiram graças aos vossos favores.

Abri nossos olhos para esta suprema verdade:
só Vós sois onipotente e digno de louvor,
nós somos pequenos, pobres e pecadores.
Se temos alguma graça é a graça de pertencer a Vós,
que sois nosso Criador, Salvador e Deus para sempre. Amém.

39
Salmo da despedida

A morte é dor e saudade, mas é também abraço e encontro com Deus.

Mesmo em meio à tristeza, queremos com fé
    proclamar:
Vós sois, ó Deus, o senhor da vida, e a Vós pertencem os vivos e os mortos.

Diante da morte, sentimos o coração despedaçado
e tudo são sombras e saudades e nada nos traz
    consolo.

Em busca de paz, nossos olhos se fixam em Vós, ó
Senhor,
origem de onde partimos e destino para onde todos caminhamos.

Acolhei este nosso irmão que foi vosso e viveu na
vossa graça
e, agora, foi chamado para os braços da vossa
misericórdia.

Dai-lhe a felicidade eterna e a alegria da vossa casa,
para que nele se realizem vossas promessas
e ninguém ouse negar a onipotência do vosso
poder.

Perdoai-lhe os pecados que, por fraqueza, terá
cometido
e vesti-o com a túnica nupcial dos eleitos para a
festa do vosso Reino.

Que se una à multidão dos santos e bem-aventurados, que cantam e louvam vosso amor de Pai.

Quanto a nós, que ainda estamos mergulhados na
graça desta vida,
tocai e curai nossos corações feridos de saudades
e tristeza.

Ajudai-nos a superar este momento tão difícil
para que não nos falte nem alegria para viver
nem confiança para continuar acreditando em
vosso poder.

Com os olhos cobertos de lágrimas e a alma
    entristecida,
fazemos chegar a Vós, Senhor, este salmo de
    despedida.

Quem não crê pensa que a vida termina com a
    morte.
Nós, teus filhos, acreditamos que vossas palavras
são de vida eterna.

Abençoai nossas vidas e enxugai nosso pranto.
A morte é, para os santos, vossa última palavra de
    vida.

Hoje, a tristeza é o pão que a vida nos serve.
Amanhã, despertaremos com o sol para recomeçar
a viver.

Tudo vos pertence: a dor e o pranto, a saudade, a
vida e a morte.
Em Vós confiamos e vos oferecemos a tristeza desta despedida.

Confessamos que sois nosso Deus, senhor de nossas vidas.
E nós somos os alegres seguidores de Jesus, nosso salvador.
Amém.

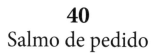

40
Salmo de pedido

Não te peço grandes coisas, ó meu Deus,
pois já me deste muito mais do que mereço.

Mas peço-te a graça de crer em teu poder
e a fé de nunca desesperar de teu amor.

Peço-te vida, saúde e alegria de viver
e de nunca me esquecer que és o meu senhor.

Peço-te a luz que me ilumina e um coração amigo,
para amar e ser amado e sempre querer bem.

Que nunca faltem pão e vinho em nossa mesa,
nem perdão e compreensão em nossos lares.

Que o dia de amanhã nos traga tua paz
e que o dia de hoje nos cubra com tua bênção.

Peço-te trabalho, emprego e um salário justo,
para que possa ser útil a todos meus irmãos.

Lembra-te dos pobres, dos tristes e doentes.
E estende sobre eles tua mão onipotente.

Que teu sol nasça sobre justos e injustos
e que todos gozemos de tua graça salvadora.

Protege as crianças, os jovens e os idosos,
e os irmãos a quem a morte vier buscar.

Para todas as pessoas te pedimos
paz e alegria, fé, perdão e felicidade.

Somos teus hoje, amanhã, sempre e em toda a
parte.
Protege-nos para que cantemos teu santo nome.

Na vida e na morte, na alegria e na tristeza,
só te pedimos tua graça e tua paz.
Em louvor de Cristo, Nosso Senhor. Amém.

41
Salmo de um doente

Ó Deus, grande e bom, minha vida está em tuas
   mãos.
De ti tudo recebi e em ti todos "nos movemos, somos e existimos".

Tu és a fonte e o sopro santo e sacrossanto de toda
   vida.
Nenhum ser existiria sem tua palavra e assentimento.

Hoje, te invoco na doença e imploro tua ajuda.
Dá-me a graça da saúde para que exalte teu poder.

Com o mal que me tolhe o corpo e entristece
   minh'alma,
é muito difícil bendizer e cantar teu santo nome.

Vê, os inimigos se divertem às minhas custas
e riem-se da fé que tenho em ti, meu Salvador.

Mostra-lhes que mais vale confiar em ti, na doença,
do que contar, na fortuna, com a ajuda dos malvados.

Te ofereço meus dias de infortúnio e espero teu
   socorro.
Busco tua face e aceito os sofrimentos que padeço.

Nada me separará de teu amor, nem a dor, nem a morte,
pois és o Deus de minha vida e a recompensa que espero.

Mas te peço, na confiança, que me cures da doença
para que os ímpios reconheçam a força do teu braço.

Cura meu corpo e espírito e devolve-me a saúde.
Então, alegremente, cantarei e dançarei em tua presença
e, feliz, proclamarei junto a todos meus irmãos
que és um Deus que não desampara os que creem em teu poder.
Em louvor de Cristo. Amém.

42
Salmo de um coração aflito

Por que tanto sofrimento? Por que a dor sufoca meu peito
e meu coração geme baixinho dentro de mim?

Parece que uma esponja de vinagre amarga minha
  boca
e já não sinto a alegria e a graça de viver.

Por que tanto sofrimento e aflição, ó meu Deus, se
sempre acreditei em ti?
Que mal eu fiz para merecer tanta tristeza e viver
só e sem consolo?

Olho para fora e vejo os ímpios desfilando
  vitoriosos
e os maus tripudiando impunes e arrotando suas
vaidades.

Pavoneiam-se e vivem como se Tu não existisses
e como se o grito do pobre não fosse por ti ouvido.

Terias Tu esquecido os que te invocam
e os que buscam refúgio em teu poder?

Ó Senhor, ofereço-te o pão amargo de meu pranto
e confesso que confio em tua graça e peço tua
  ajuda.
Cura meu coração aflito e entristecido.

Assim, cantarei eternamente tua bondade
e sempre proclamarei que és meu Deus e salvador.

Teu Filho me libertou com seu sangue
e resgatou meu desespero com o sofrimento de sua
   cruz.

Na paz e na alegria, na dor e na aflição,
nunca deixarei de cantar teu nome e poder.

Não me abandones à fúria dos malvados,
nem deixes teu servo amargurado e sem esperança.
Tem piedade de mim e castiga os insolentes
para que não se vangloriem em suas maldades.

Tu és o Deus de minha vida e em ti confio.
Louvar-te-ei por tua bondade e misericórdia
e sempre confessarei que me livraste
no dia em que invoquei teu santo nome.

43
Salmo das trevas

À minha volta, tudo são sombras e trevas.
Meu coração está amargurado e pesado.
Estou mergulhado na dor e na desesperança.
Minha boca está amarga, e seca, minha língua.

Já não sinto nenhum prazer.
Perdi a vontade de viver.
Parece que estou sem rumo.
Só, não quero a companhia de ninguém.

Confiava em Deus, mas onde está Ele?
Amava a vida, mas que vida é esta?
Falta-me alegria, luz, não tenho mais paz.
Só me resta o grito do abandono.

Mas fecho os olhos do corpo e abro os da alma.
Respiro fundo e sinto ainda a pulsação da vida.
Do meu íntimo assoma uma pequena prece:
"Meu Deus, socorre-me! Não me abandones!
Estou nas trevas, mas confio em ti, porque sou teu!
Tu és a graça de minha vida e meu doce Salvador.
Amém".

44
Salmo da manhã, ao acordar

Enquanto, nesta noite, a morte campeou por tantas
  casas,
tua graça me concede mais um dia para louvar-te.

Abro os olhos e os braços e desejo, hoje, fazer o bem
para que o milagre da vida floresça na paz e na
alegria.

Quero trabalhar sem ganância e amar sem cobranças,
aprendendo do sol que a todos aquece sem
parcimônia.

Ensina-me a arte de viver dentro dos pequenos
limites
que me são próprios e que não me cobram mais do
que posso dar.

Que as dificuldades não me ressequem a esperança
e as conquistas não me envaideçam nem me façam
presunçoso.

Este dia é teu, todo teu, meu bom e grande Senhor.
Tudo farei para que os outros sintam tua presença
em mim.

Ao final do dia, voltarei para casa guiado por tua
mão
e descansarei contente porque não me esqueci de
teus caminhos.
Em louvor de Cristo. Amém.

45
Salmo da noite, antes de dormir

Cansado, mas feliz, agradeço-te pelo descanso da
noite
e louvo-te, Senhor, por mais um dia de vida e
trabalho.

Derrama sobre o mundo e sobre todos a tua bênção
para que durmam em paz e tenham uma noite feliz.

Olha, de modo especial, pelos que sofrem e não
têm paz
para que seus olhos encontrem os teus na escuridão da noite.

Que ninguém se sinta sozinho e sem esperança,
pois todos dormiremos debaixo do teto de tua
graça.

Te ofereço as nossas frustrações e, até, nossos
pecados
e não nos cobres pelo mal que pudermos ter feito.

Por ti vivemos e trabalhamos, mesmo se esquecidos de tua presença,
e só em ti encontramos o repouso que nosso coração tanto busca.

Tua é a noite e a ti pertencem nossos sonhos,
pois nosso grande sonho é sermos teus de dia e de
   noite.
Em louvor de Cristo. Amém.

46
Salmo para o Ano-novo

A misericórdia do Senhor há de seguir-nos
por todos os dias deste novo ano.

Como pecadores, mergulharemos em seu perdão,
e experimentaremos, como filhos, sua bondade.

Enamorados de sua presença,
nossos olhos buscarão nosso Deus e Senhor.

Sua graça iluminará nossos passos,
nosso futuro repousa em suas mãos.

Cremos no Senhor porque Ele é bom
e surpreendente é seu amor de Pai.

Ele não abandona o abandonado
e nem despreza o marginalizado.

Suas entranhas são de misericórdia
e sua boca não profere ameaças.

Pouco importam os percalços deste ano,
sempre respiraremos o Senhor, nosso Deus.

Sempre que Ele de nós se aproximar,
nos encontrará à sua espera:
olhos compridos, coração alegre,
braços abertos para a festa de sua chegada.
Em louvor de Cristo, Nosso Senhor. Amém.

47
Salmo para o fim do ano

Ó Senhor, nosso Deus, tão grande e tão bom,
te oferecemos o ano que está chegando ao fim.

Machucados, mas felizes, estamos fechando o ano
em que fizemos e recebemos tantos bens.

Nunca nos faltou tua graça e sentimos tua presença
nas dobras dos acontecimentos e na pressa do
tempo.

Momentos graves e difíceis nos provaram
e, às vezes, perdemos, é verdade, até a vontade de
viver.

Mas também conhecemos momentos de paz e
alegria
e a festa da vida aconteceu em nossas casas.

Muito te agradecemos e te louvamos porque és
bom
e te pedimos que perdoes nossas fraquezas e
pecados.

Abençoa a todo mundo e cobre-nos com tua graça,
para que ninguém se sinta inútil e frustrado.

Obrigado pelo ano que passou e pelas graças que
vivemos,
pelos tantos que amamos e pelos muitos que nos
amaram.

Obrigado pela vida e pelo pão, pela fé e pela paz,
pelo bem que nos fizeram e pelos males que
  evitamos.

Mas, obrigado, muito obrigado de todo o coração,
por Jesus Cristo e sua santa Mãe, Nossa Senhora,
pelos anjos que nos guardaram e pelos santos que
nos ajudaram
a trabalhar com entusiasmo e a viver com alegria
e paixão.
Amém.

Parte III
Em louvor de...

A força motivadora e propulsora do louvor é a admiração, pois o louvor é confissão festiva e expressão da alma extasiada. Quem louva se coloca no estado de graça que o outro tem.

O outro, santo ou herói, pessoa de grandeza e méritos, tem o condão de produzir a graça imponderável do encantamento que abre a alma para o louvor e o canto, para a poesia e a oração.

Aqui são exaltados uns poucos – e muitos mais haveria – que são alma da minh'alma, música espiritual do meu coração.

Já não posso viver sem eles e mentiria se não confessasse o quanto me seduzem e os admiro, e o quanto desejo louvá-los.

48
Louvores a Deus – I

Grande e bom Deus, bendito e louvado seja vosso nome, hoje e por toda a eternidade! Vós criastes o céu e a terra, as profundezas dos abismos e a intimidade dos corações. Vós sois o Senhor dos vivos e dos mortos e o salvador de tudo quanto existe.

Protegeis a viúva e o órfão, dais consolo aos corações feridos e não abandonais os que invocam vosso poder e confessam vossa grandeza e santidade.

Por isto vos louvamos e bendizemos, confessamos a beleza de vosso rosto santo e sacrossanto e a magnanimidade de vosso coração de Pai.

Abençoai as crianças que estão nascendo e as mães que estão dando à luz. Ficai do lado dos que constroem a civilização do amor e dos pais e professores que educam para a cidadania.

Que os maus sintam a força do vosso braço e abandonem os caminhos da insensatez. Que nenhuma lágrima se perca por falta de sentido e nenhum esforço deixe de frutificar por falta de vossa graça.

Nós vos louvamos e bendizemos, exaltamos vossa glória e poder e somos felizes porque somos vossos filhos e porque sois nosso Pai. Amém.

49
Louvores a Deus – II

Grande e bom Deus, nós vos louvamos pela beleza da vida e pela alegria de viver. Vos louvamos pelo verde das florestas e pelo azul do céu e do mar. Bendita seja vossa mão que criou o sol e a lua, a luz e o fogo, o dia e a noite, o ar que respiramos e os ventos que abraçam e sacodem as árvores.

Bendito seja vosso Espírito Santo que sopra onde quer e dá consolo aos que sofrem doenças e perseguições. Sois Vós que acolheis o grito dos pobres e castigais as injustiças dos prepotentes. Sois Vós que vos inclinais sobre o berço dos recém-nascidos e estendeis a mão para dar as boas-vindas aos moribundos.

Bendito e louvado sejais, meu Senhor, por vossa presença em todos os caminhos humanos, abençoando a uns e protegendo a outros, iluminando as consciências e amargando a boca dos maus.

Nós vos louvamos e bendizemos porque sois a origem da vida e o destino de nossa existência. Mas, acima de tudo, vos louvamos e bendizemos porque sois nossa bênção e graça, nossa vida e santidade, o rosto bom que procuramos no dia a dia e o coração em que queremos repousar por toda eternidade. Amém.

50
Em louvor de Cristo

Em nome de todo o universo, nós vos louvamos, Jesus, porque sois a glória do Pai e o esplendor radiante da santidade de Deus. Que todo louvor vos seja dado no céu, na terra e nos infernos. E que anjos e homens, homens e mulheres dobrem seus joelhos diante de vossa divina majestade e exaltem vosso nome acima de todas as criaturas!

Nós vos adoramos porque nos redimistes com vossa santa cruz!

Nascestes tão pobre, mas não sem amor, para ensinar que a felicidade não é privilégio de quem tem, mas apanágio de quem vive para os outros. Vivestes tão escondido, mas não alienado, para que todos soubessem que a luz não precisa necessariamente de um palco para brilhar. Pregastes para um povo de coração endurecido, mas não condenado, para mostrar que mais vale acreditar na força da palavra do que desesperar nas horas da aflição. Assumistes um destino que vos conduzia à morte em Jerusalém, não sem medo, para deixar o exemplo de que Deus acompanha seus filhos, principalmente quando eles mais precisam de sua ajuda e presença. Na cruz, destes um profundo grito de angústia, mas não de desespero, vencendo, com um ato de fé, a ação do maligno.

Nós vos adoramos porque nos redimistes com vossa santa cruz!

Curastes os doentes, expulsastes os demônios, fostes amigo dos pobres e pregastes um evangelho de vida e salvação. Multiplicastes o pão para saciar a fome do povo, ressuscitastes o filho da viúva de Naim, transformastes água em vinho nas bodas em Caná, abençoastes as crianças e proclamastes as bem-aventuranças do novo Reino, exaltando os pobres, os que choram e são perseguidos, os que são mansos, pacíficos e puros de coração.

Nós vos adoramos porque nos redimistes com vossa santa cruz!

Anunciastes que o Reino dos Céus é como uma pérola perdida pela qual vale a pena dar e vender tudo, exigistes fidelidade de vossos discípulos e a todos que põem a mão no arado e os conclamastes a tomar a cruz todos os dias em vosso seguimento, afirmando que deveriam ser luz da terra e sal do mundo, rezar sem farisaísmos e dar esmolas sem ostentação, pregastes um reino de irmãos e enobrecestes o valor da fraternidade e da paz, colocando a justiça como o ideal mais importante para as pessoas, que deveriam amar a Deus e aos irmãos com todo o coração, com toda a alma e com todo o entendimento.

Nós vos adoramos porque nos redimistes com vossa santa cruz!

Dissestes tantas coisas bonitas e importantes das quais os quatro evangelhos mal conseguiram conservar a memória, apostastes em pobres pescadores, iletrados e amedrontados, que fizestes colunas da vossa nova Igreja, pregastes um ano da graça e queríeis que todos tivessem vida e vida em abundância, chorastes com os que choravam e sobre Jerusalém que matava os profetas e enviados de Deus, vos fizeste bom pastor de ovelhinhas desgarradas e acolhestes com imenso amor a pecadora pública e o bom ladrão que se arrependeram de seus pecados.

Nós vos adoramos porque nos redimistes com vossa santa cruz!

Muito obrigado, Senhor Jesus, nosso Deus Salvador, filho da Virgem Maria por obra do Espírito Santo! Louvado seja vosso nome e exaltada seja vossa pessoa, pelos séculos dos séculos! Que nenhuma criatura deixe de admirar a coragem e grandeza com que vivestes, de agradecer e reverenciar o sangue que por nós derramastes, o amor com que nos amastes e a vida que destes para salvar-nos.

De joelhos, vos louvamos e bendizemos e, alegremente, confessamos que somos felizes seguidores de vosso santo Evangelho e arautos exultantes de vossa ressurreição. Para nós, Vós sois o Caminho, a Verdade e a Vida. Nada mais queremos ou desejamos senão viver para Vós e morrer, um dia, pronunciando vosso santo nome. Na vida e na morte, hoje e sempre, em nome de todo o universo, com todo o coração e com a alegria estampada em nossos rostos, dizemos e proclamamos:

Nós vos adoramos porque nos redimistes com vossa santa cruz. Amém.

51
Em louvor de Maria

Que ventura louvar-te, ó Maria, cheia de graça, mãe de Jesus e mãe do nosso Deus, senhora da humildade e do silêncio, virgem rescendente de encanto e formosura, vida feita oração, ternura e serviço, honra do nosso povo e glória dos eleitos!

Bendita és tu entre as mulheres
e bendito é o fruto do teu ventre, Jesus!

Tu és a Eva verdadeira concebida sem pecado, a companheira de Cristo no Calvário e corredentora da salvação, a assunta pelos anjos ao céu e nossa advogada junto a Deus. Medianeira de todas as graças, és a mulher que sofreu mas não pecou, a mãe que deu à luz mas não perdeu a virgindade, a pureza sem jaça, a beleza espiritual sem rugas.

Bendita és tu entre as mulheres
e bendito é o fruto do teu ventre, Jesus!

Na simplicidade de tua vida santa e recatada não buscaste o protagonismo dos palcos estelares nem a vaidade de tua condição única e singular. Pelo contrário, passaste pela vida no silêncio, cultivando teu amor de mãe, encantado e sofredor, deixando ao filho os aplausos do milagre e a força do evangelho.

Bendita és tu entre as mulheres
e bendito é o fruto do teu ventre, Jesus.

Nós te louvamos, ó santa mãe de Deus e nossa mãe, porque não te revoltaste diante das surpresas do presépio, nem te negaste à dor de proteger teu filho no exílio. Quando o anjo, em nome de Deus, te convidou para seres a mãe daquele que nos salvaria, ofereceste teu corpo como templo íntegro e santo e tua vontade, sem condições, como consagração de escrava.

Bendita és tu entre as mulheres
e bendito é o fruto do teu ventre, Jesus!

Não és apenas a "toda bela" e a "mãe do divino amor", és também a "virgem sem medo" e a "rainha dos mártires". Aos pés da cruz, permaneceste inteira e impotente, enquanto teu Filho gritava aos céus e rendia seu espírito. Depois, recebeste seu corpo, sem vida, nos braços e te tornaste a *Pietà* de nossa dor e veneração. Teu coração, que conservava seus gestos e palavras, confiava, agora, e esperava em sua ressurreição. A piedade chamou-te de virgem do silêncio e da soledade, e nós, na admiração, te louvamos e rezamos com o Anjo Gabriel:

Bendita és tu entre as mulheres
e bendito é o fruto do teu ventre, Jesus!

Salve, Maria, mãe de Deus e nossa mãe! Bendita és tu entre as mulheres e bendito é o fruto do teu ventre, Jesus! Rogai por nós, pecadores, agora e na hora de nossa morte! Se somos uma Igreja feliz por ter um tão grande salvador, somos também uma comunidade de fé alegre e confiante por ter uma tão grande mãe, linda, rica, cheia de graça e beleza, senhora dos anjos e dos homens, virgem puríssima e porta do céu, refúgio dos pecadores, saúde dos enfermos e rainha da paz, consoladora dos aflitos, rosa mística e escrava do Deus altíssimo, ó Maria! Amém.

***

52
Em louvor de São José

Alguns caminhos, ó querido Deus, nos parecem tão tortos que dificilmente deixam transparecer o esplendor de uma bela história ou, até mesmo, uma boa e singela razão para sua mera existência. Perdoa-nos os exemplos que são dolorosos, mas não exclusivos. A vida é mais rica e mais pobre de quanto podemos citá-la ou circunscrevê-la.

Quanta comiseração nos despertam criancinhas que ou nascem fisicamente defeituosas ou de pais e mães que as abandonam sem condições materiais para educá-las! Crescem como filhos de ninguém, sendo maltratadas como gente desqualificada. Quanta indignação nos causa ver pessoas que vivem encurraladas por circunstâncias cruéis e sem saída, agredidas em sua dignidade e ofendidas por uma pobreza aviltante e desumana! Que insuportável revolta nos domina os despautérios de tiranos ambiciosos e sanguinários que desgraçam pessoas e nações! Quantos gritos surdos de sofrimento sem resposta! Quantos desesperos sem saída e quantas maldades sem castigo! Há todo um mundo de lágrimas e impotência, de gente explorada e sofrida, de irmãos sem graça e sem futuro.

Muitas vezes, ó querido Deus, a vida tem uma cara que nos espanta e assusta. Em muitos momentos, ela nos parece essencialmente torta. Diante dela, naturalmente nos perguntamos por quê. Por que existem pessoas assim e tais situações? Por que há pessoas que sofrem e outras que fazem sofrer, por que há irmãos nossos que nunca chegarão a uma plenitude humana desejável e por que há outros que nem permitirão que seus semelhantes se desenvolvam e conheçam a alegria de viver e os sonhos de uma possível felicidade? Por que a vida tem que ser, para muitos, tão torta?

Longe de nós compararmos a vida de São José com qualquer um destes exemplos, mas poucas pessoas terão tido caminhos tão tortos quanto aquele que foi escolhido para ser o esposo da Virgem Maria e o pai adotivo de nosso querido salvador, Jesus Cristo.

Queremos, por isto, louvá-lo, porque, apesar de tudo, mereceu os melhores superlativos da piedade cristã. Foi chamado de "justíssimo", "castíssimo", "prudentíssimo", "fortíssimo", "obedientíssimo" e "fidelíssimo". Foi, além disso, "zeloso defensor de Cristo", "chefe da Sagrada Família", "luz dos patriarcas", "amparo das famílias" e "glória da vida doméstica". A piedade ainda o invoca como "consolador dos aflitos", "esperança dos enfermos", protetor da santa Igreja", padroeiro dos moribundos" e "terror dos demônios".

Sua vida, no entanto, esteve envolta, materialmente, por um grande silêncio. Nenhuma palavra sua foi registrada por nenhum escritor sagrado. Sobraram-nos dele apenas alguns sentimentos, a nobreza de seu caráter e a fidelidade de uma vida que se engrandeceu à sombra de Maria e do Espírito Santo e à luz de seu filho Jesus. Nunca cobrou nada nem nunca fez exigências. O destino de sua vida parece ter sido apenas o de proteger e acompanhar aqueles que seriam os protagonistas dos planos de salvação de Deus: Maria e Jesus. Quanto a ele, apenas o silêncio e os bastidores do palco.

Mas nem por isso foi menos importante sua pessoa. Grande São José! Recebe a homenagem do nosso singelo e admirado louvor! Dá-nos a graça de, como tu, amarmos o silêncio quando ele fizer parte de um desígnio maior e de preferirmos os bastidores quando o palco tiver que ser ocupado por pessoas especialmente designadas por Deus. Não queremos outra grandeza que a de sermos servos de Jesus e arautos felizes de seu Evangelho. Nem hesitaremos em fugir para o Egito se for para salvar destinados por Deus como Maria e Jesus.

Nós te louvamos e bendizemos e, contigo e por tua intercessão, queremos viver e consagrar-nos a uma sagrada família, que é a nossa, que nos é graça e presente de Deus. Que nela possamos todos ter os teus sentimentos e os de Jesus e Maria, querido e admirável santo do mundo inteiro, padroeiro dos operários, espelho da paciência, pai de Jesus e esposo da Virgem Maria. Amém.

53
Em louvor de São João Batista

Grande e bom Deus, nós te louvamos porque és sempre surpreendente em teus misteriosos caminhos. Fizeste saltar ao pequenino João no ventre de sua mãe Isabel quando ela se encontrou com Maria que trazia em seu ventre o teu filho Jesus. Emudeceste a seu pai Zacarias, sacerdote que te servia e proclamava tua Lei, porque duvidou das promessas do teu anjo, que lhe anunciava um filho que tanto queria, mas de cujo nascimento já esperava tão pouco.

Nós te louvamos porque continuas a surpreender na história de João que prega a conversão e a penitência e anuncia estar próximo o Reino de Deus. Terno e compassivo para com os pobres e o povo, é ríspido e cortante com os saduceus e fariseus hipócritas, a quem chama de "raça de víboras" e antros de perdição. Levanta sua voz contra Herodes, raposa e malfeitor, e mergulha no rio Jordão a quantos buscam as águas da purificação. Batiza ao próprio autor do batismo, mas confessa que outro, maior do que ele, batizará com o fogo do Espírito Santo.

Nós te louvamos porque deste a João a simplicidade dos puros e a veemência dos mártires. Tu o cobriste com uma pele de camelo e o fizeste comer mel e gafanhotos silvestres, sem tirar-lhe a doçura do olhar e limpidez das convicções. Ele proclamou teu Filho como "aquele que devia vir" e o indicou como o messias esperado pelos pobres. Pediu que seus discípulos o seguissem, pois era o cordeiro que tira os pecados do mundo. Confessou que não era digno de desatar-lhe as correias das sandálias e preferiu sair de cena com uma frase cheia de humildade: "É preciso que Ele cresça e eu diminua".

Nós te louvamos, ó Deus do céu e da terra, porque teu filho Jesus o exaltou com outra palavra imortal: "Não há ninguém nascido de mulher maior do que João Batista".

Foste Tu que convocaste João para ser o precursor de Jesus e lhe deste a glória do martírio. Nós te louvamos porque ele perdeu a cabeça, mas não a dignidade, porque, até ao fim, se comportou com humildade e intrepidez, fazendo tremer um tirano e só sendo derrotado pela ambição de uma concubina.

Dá-nos, te pedimos, a graça da admiração por quem foi tão grande e tão humilde, ao mesmo tempo; por quem foi tão despojado e tão lúcido, tão intrépido e tão fiel, tão do deserto e tão do mundo inteiro.

Nós te louvamos porque fizeste de João Batista o verdadeiro anunciador de Jesus que todos queremos ser. Que ele nos ensine o caminho de Cristo, mesmo que tenhamos que perder a cabeça, denunciando o mal e abençoando os pequeninos.

Louvamos a ti e bendizemos o nome de Jesus e pedimos que São João Batista coloque em nossas mãos o bastão com a inscrição: "Eis o Cordeiro de Deus!" E que vistamos as sandálias da humildade e tenhamos os olhos rútilos da alegria e do anúncio do Reino. Amém.

54
Em louvor de São Pedro

Ó Deus, grande e bom, Senhor dos céus mais profundos e misteriosos e dos mais humildes e perdidos peixinhos do mar; ó Tu que inspiras o coração dos bons e enches de compunção o dos pecadores; que colocas um aguilhão no sono dos prepotentes e paz de espírito na vida das pessoas simples; que te inclinas sobre os doentes para que não desesperem e ouves o grito dos pobres para que sejam fortes; ó Deus, grande e bom, Santo, Santo, Santo, nós te louvamos, bendizemos e adoramos, confessamos nossa fé em teu poder e dobramos nossos joelhos diante de tua majestade.

Queremos também bendizer-te pelas maravilhas que Jesus operou em Simão, rústico pescador da Galileia, transformando-o em Cefas, Pedro e pedra, a quem confiou a missão de pastorear sua Igreja. Ele não foi apenas o primeiro papa, mas teve, principalmente, a honra, com seu irmão André, de ser o primeiro chamado para ser pescador de homens.

Te louvamos pela obediência deste grande apóstolo que não hesitou em deixar as redes da casa de seu pai para atender ao chamamento de Jesus. Que nunca nos falte tal prontidão para o Reino de Deus.

Te louvamos por seu caráter limpo e voluntarioso, ao mesmo tempo, que o fazia, sem cerimônias, despertar Cristo em meio da tempestade e o levava a arrancar da espada para defendê-lo. Que nossa fé seja assim: acordada e corajosa, lúcida e límpida.

Te louvamos por sua fidelidade ao divino Salvador, acompanhando-o em toda parte e acolhendo-o em sua casa. Que outra honra e distinção poderíamos pretender, senão a de termos Cristo como o mais desejável hóspede de nossa vida?

Sim, embora surpresos e entristecidos, queremos também louvar-te por sua traição que o fez chorar lágrimas de fogo, purificando-o de um comportamento ainda pouco amadurecido. Perdoa-nos, te pedimos, nossas pequenas ou grandes traições e aceita o sofrimento das traições que nos ferem.

Como São Pedro, que amou e traiu, que tudo abandonou e, finalmente, deu sua vida por Jesus, também nós queremos imitá-lo, amando e servindo nosso divino Salvador. Queremos sempre responder prontamente a seus apelos, seguindo-o fielmente e confessando-o alegremente no Tabor ou no Jardim das Oliveiras. E se formos chamados a testemunhá-lo, junto ao fogo ou na noite escura de nossas dúvidas, dá-nos a coragem e a graça de não traí-lo. Antes, que nossas palavras possam não ser outras que as do apóstolo Pedro: "Tu és o Cristo, o Filho do Deus vivo!" (Mt 16,16). Amém.

55
Em louvor de São Paulo

Ó Deus, grande e bom, autor e fonte da vida e destino e alegria de todas as criaturas, nós te louvamos por Jesus Cristo, Nosso Senhor, por sua vida que dá abundância de vida e por sua morte que assegura nossa ressurreição, pelo bem que fez e pelo Evangelho que pregou, pela paz e perdão que nos trouxe e pelo Reino que anunciou.

Também te damos graças e te louvamos pelo grande apóstolo que foi São Paulo de Tarso e de Damasco. Embora se confessando "blasfemo, perseguidor e violento" (1Tm 1,13), embora tenha aplaudido o martírio de Santo Estêvão, e devastado a Igreja nascente espalhando o medo e arrastando, sem piedade, homens e mulheres para a prisão, tua graça interrompeu seus desvarios, derrubando-o do cavalo de sua arrogância e cegando-o em sua honestidade de feroz cumpridor da Lei.

Quão surpreendentes, ó querido Deus, são teus caminhos! Daquele que mais perseguia os cristãos, embora fosse apenas um laborioso fabricante de tendas;
daquele que, mesmo sendo um bom pregador, fizeste amargar o fracasso no Areópago de Atenas; daquele que se achava coberto de justificativas, embora, finalmente, se confessasse um agraciado filho abortivo; daquele que recalcitrava por ter um espinho na carne e um anjo de satanás a esbofetear-lhe a vaidade, fizeste, por tua graça, uma coluna da Igreja, e lhe conferiste a glória de ser o apóstolo dos gentios, doutor da verdade, escravo e soldado de Jesus Cristo e, finalmente, um louco de amor por nosso divino Salvador.

Cheios de admiração, nós te louvamos e bendizemos e com Paulo, "o menor de todos os santos", nós também, cheio de fraquezas, temor e tremor, rezamos:
"Bendito seja Deus e Pai de Nosso Senhor Jesus Cristo, o Pai das misericórdias e Deus de toda a

consolação" (2Cor 1,3). "A Vós, Rei dos séculos, incorruptível, invisível, único Deus, a honra e a glória pelos séculos dos séculos. Amém" (1Tm 1,17).

Com São Paulo, pedimos-te, de todo o coração, que sempre e só nos gloriemos na cruz de Nosso Senhor Jesus Cristo, na qual estão nossa vida e salvação; que Cristo seja a nossa paz, pois só Ele é tudo em todos e para todos; que nunca menosprezemos a graça de Deus, que é Jesus, fundamento e justiça, predestinação e santidade; que vivamos pregados na cruz, carregando em nosso corpo as marcas de Cristo.

Oferecemos-te, como Paulo, nossas fraquezas, para que habite em nós a força de Cristo. Também para nós basta-nos a tua graça, pois sabemos que é em nossa fraqueza que se revela tua perfeição. Renunciamos à mentira e ao desamor,
às intrigas, impurezas e dureza de coração; e, te pedimos, ajuda-nos a crucificar a carne do pecado, a despojar-nos do homem velho e a nunca, a jamais dar lugar ao demônio em nossas vidas.

Antes, queremos ter em nós os mesmos sentimentos de Cristo, a respirá-lo na vida e na morte, transbordando em ação de graças, sendo, graças a Ele, o bom perfume de Deus. Embora pecadores, procuraremos ouvir e seguir seus ensinamentos, a fim de que nosso amor não seja invejoso, falso ou interesseiro, não se irritando por egoísmo nem guardando rancor por maldade; esforçar-nos-emos a sempre acreditar no irmão, sem nunca nos cansar de praticar o bem. A todos saudaremos em nome da paz e cultivaremos um coração que a tudo desculpa, em tudo crê, a tudo tolera. Assim como Cristo foi "sim" e "amém" para ti, ó Deus, assim, em nossas vidas, testemunharemos a alegria do Evangelho, sendo celebrantes festivos do Reino dos Céus.

Bendito e louvado seja o nosso Deus, rico em misericórdia e fonte de toda consolação! Como Paulo, humildemente trazemos a graça em vasos frágeis, mas sabemos que toda força e sabedoria vêm de Deus. Outra coisa não queremos senão gloriar-nos na cruz de Nosso Senhor Jesus Cristo.

Ao exaltar a graça de Deus na vida de São Paulo, dispomo-nos a sempre procurar as coisas do alto, cientes de que tudo podemos naquele que nos conforta. Que em nós morra o velho Adão e viva o novo, que é Cristo, para que possamos, na vida e na morte, confessar: "Eu vivo, mas já não sou eu, é Cristo que vive em mim" (Gl 2,19). "Para mim e para toda humana criatura, viver é Cristo" (Fl 1,21). Amém.

56
Em louvor de São Francisco

Senhor, quem és Tu e quem somos nós? Tu és o senhor do céu e da terra e nós, miseráveis vermezinhos, teus ínfimos servos (Is 41,14). Assim rezava nosso querido pai, São Francisco de Assis, e esta é, hoje, nossa oração.

Por Francisco, o *Poverello*, nós te louvamos e bendizemos! Que teu nome seja exaltado e honrado por toda humana criatura.

Queremos servir-te na humildade e cantar-te na alegria. Diante de ti, dobramos os joelhos do coração, invocando teu poder e reconhecendo tua onipotência. Só Tu és Santo, Santo, Santo, três vezes Santo, o Senhor do céu e da terra. Lava nossas impurezas pelo sangue sacratíssimo de Jesus, nosso Salvador.

Agradecemos-te pela vida de teu servo, Francisco, que foi um "quase Cristo redivivo", que foi o primeiro depois de Jesus, que foi o único. Dá-nos sua disposição de servir os leprosos, seu amor pela senhora e dona Pobreza, sua obediência ao Sumo Pontífice e aos Prelados da santa Igreja, seu cantante amor por nosso irmão, o Sol, e por nossa irmã, a Lua, para que nosso canto se una ao louvor dos passarinhos e nossos braços se abram ao marulhar dos regatos e dos pessegueiros em flor, ao crepitar do irmão fogo e ao assobiar de todos os ventos.

Que ninguém venha a nós sem encontrar acolhida e palavras de consolo. Que sejamos instrumentos da paz e arautos do Grande Rei. E, principalmente, que prezemos, antes de mais nada e acima de tudo, a suprema graça de sermos irmãos uns dos outros.

Altíssimo, onipotente e bom Senhor, a ti sejam dados, hoje e por todo o sempre,
honra e glória, louvor e total reconhecimento. Na pobreza e simplicidade, nas carências e com alegria, unimo-nos aos coros dos anjos e à comunhão dos

santos, para proclamar teu reinado e graça sobre tudo quanto existe. Que os céus e a terra te louvem e que todas as criaturas te adorem. Protege-nos por teu poder e cobre-nos com tua benevolência.

E que nunca deixemos de te amar por tudo e em primeiro lugar. Tu és a fonte de nossa alegria e a certeza de nossos destinos.

Para ti abrimos nossos corações e pedimos tua bênção. Abençoa-nos e guarda-nos. Mostra-nos tua face e tem piedade de nós. E, na vida e na morte, dá-nos tua paz. Em louvor de Cristo, Nosso Senhor. Amém.

57
Em louvor de Santa Clara

Querido Deus, grande e bom, altíssimo e onipotente, nós te louvamos por Santa Clara de Assis, que "foi clara de nome, mais clara em sua vida e claríssima por suas virtudes".

Te adoramos e agradecemos por ela, por São Francisco, e por todos os seguidores de teu filho, Jesus.

Abençoa, te pedimos, nossa Igreja, que quer ser clara e santa, toda a humanidade, homens e mulheres, teus filhos e filhas, toda e qualquer humilde criatura. Que teu sopro santo não nos abandone quando buscamos o bem e lutamos pela paz. Queremos ser arautos de teu reino e instrumentos da cidadania e da fraternidade universal.

Dá-nos um grande amor pelos pobres e leprosos, pelos que sofrem e andam tristes, pelos que vivem à margem da sociedade, sem esperança e alegria, sem casa, trabalho, pão e paz.

Que Clara, "virgem santa e dileta de Deus", "estímulo e modelo das virtudes", interceda por nós, seus admiradores e devotos, fazendo-nos ardorosos cavaleiros da Senhora Pobreza e ardorosos defensores dos pobres e pequenos. Que ela nos inspire um grande amor pelo Crucificado e por todos os crucificados de todas as cruzes, fraquezas e doenças humanas, da alma, do corpo e coração.

Que ela ainda nos ajude a ser alegres na fé, fortes nas provações, fraternos em todas as circunstâncias, justos em nossos juízos e sempre muito humanos no serviço a todos os irmãos.

Que ela abençoe a todos que trabalham na televisão, despertando-lhes a consciência para a comunhão que criam, quando entram nos lares e cobrem de sonhos as mais surpreendentes fantasias. Que nunca lhes falte nem a alegria do trabalho, nem a honra de tão nobre serviço.

Querido Deus, grande e bom, muito obrigado por esta santa tão clara e alegre, tão apaixonada por São Francisco e pelo Cristo do pão e da cruz. Que por ela e por nossas vidas teu nome seja santificado em todo o mundo, que teu reino se torne mais vivo, forte e claro em nossa sociedade e tua vontade seja feita assim na terra como no céu. Em louvor de Cristo. Amém.

58
Em louvor de Santo Antônio

Grande santo, amigo de Deus e protetor dos pobres, por tua vida e santidade, queremos louvar e agradecer a Deus pelo dom da vida e por todas as graças que Ele nos concede. O teu exemplo nos estimula a seguir Jesus e a viver o seu Evangelho.

Queremos, como Tu o fizeste, repartir o pão com os pobres e consolar os corações aflitos. Queremos amar a verdade e abominar a mentira. Queremos semear a paz e lutar contra a violência, o medo e as inimizades. Pede a Deus que nos conceda um coração bom e grande, forte e corajoso, para não desanimar nas dificuldades nem nos envaidecer com as vitórias.

Que possamos ter um coração sensível diante da dor dos irmãos e generoso para com os excluídos da sociedade. Que ninguém chegue a nós sem receber uma palavra de encorajamento e um gesto de ajuda. Que por tua intercessão os casados se amem cada vez mais e os jovens encontrem, no casamento, a felicidade que procuram; que os perdidos se reencontrem e a paz reine nos lares e na sociedade.

Santo Antônio, roga por nós ao nosso Deus, Senhor dos vivos e dos mortos, criador e salvador da vida, fonte de todo bem e destino de todas as histórias. Que pela graça e santidade desta vida tenhamos mais fé em Deus, mais prontidão em seguir os caminhos do bem e do Evangelho, mais dignidade em vivermos como cidadãos, mais caridade para com os mais carentes, e mais respeito para com todos os nossos semelhantes. Em louvor de Cristo. Amém.

59
Em louvor do ser humano

Quando, no meio da noite, olhamos para o alto
e contemplamos as profundezas insondáveis do
    céu,
ficamos com a sensação de sermos tão pequenos.
Se olhamos para Deus, só nos sobra uma pergunta:
Que é, enfim, o homem diante de tanta grandeza?

Não passamos de um grão de areia
no mar sem horizontes do mistério divino.
Somos como que uma gota de orvalho
que o sol da manhã impiedosamente dissipa.
Ou como uma palha que o vento leva
e as folhas secas das árvores escondem.

Sim, diante de Deus somos nada ou muito pouco:
temos uma força que os anos enfraquecem;
somos uma beleza que a mão do tempo cobre de
    rugas;
nosso coração sonha com uma terra prometida
que nossos pés nunca alcançarão
e que nossas desconfianças nem sabem onde fica.

Mesmo assim, damo-nos às vezes ares de indisfar-
çável soberba.
Olhando para os outros, julgamo-nos superiores.
Medimo-nos pelo metro de nossas presumidas
    qualidades.
Pretensiosamente, estufamos o peito e alardeamos
    valores
para, quem sabe?, esconder nossos pobres pés de
    barro.

Mas, que é o ser humano para Deus?
É filho de suas entranhas, é reflexo de sua santidade.
Tem o brilho de sua glória e é parte de sua grandeza.
Deus olha a pessoa humana com imensa graça
e não despreza ou lamenta sua fragilidade.
Não a vê como um projeto destinado ao fracasso,
nem como um pecado que merece condenação.
Não! Deus, o grande "amigo da vida" (Sb 11,26),
ama a obra de suas mãos

e não se aborrece com os extravios humanos.
De suas entranhas de Pai e Criador,
ondas de perdão jorram para cobrir o abismo dos nossos males
e seus cuidados sempre nos vestem de novo com a túnica da festa.

Eis uma oração de valor teológico irretocável:
"Não somos nada, mas pertencemos a ti!" (Santo Agostinho).

Se louvamos o ser humano, ó Deus, grande e bom,
e nos encantamos diante do que somos e seremos,
é porque Tu és nosso Criador e Salvador.
Na verdade, só a ti são devidos louvores e louvações,
cantos de alegria e de ação de graças,
hinos de júbilo, salmos de adoração, palmas de felicidade.
Para ti abrimos nossos braços, pequenos e frágeis,
esperando encontrar teus braços grandes e onipotentes.
Abraça-nos, ó Deus! Cobre-nos com tua glória e poder!
Salva-nos por teu amor! Em louvor de Cristo. Amém.

Parte IV
Petições

A pessoa humana, que é tão rica, é também tão pobre. Com um coração cheio de asas e sonhos, tem frágeis pés de barro. Quanto mais olha para o céu, mais sente o peso de seu nada.

Esta experiência, quando não se perde no desespero nem se atola na apatia de um imobilismo espiritual, pode abrir a pessoa para a fecundidade da graça da oração. A pessoa, então, reza e pede, em sua impotência, a um Deus que é todo-poderoso em suas promessas de salvação.

A oração de petição não deslustra nem cobre de desdouro o orante. Ao contrário, confere-lhe identidade religiosa como grito de aflição e pode representar o profundo ato de uma fé confiante e feliz.

Pedir não é nem vergonhoso nem degradante. Trágico seria viver fechado sobre as próprias dúvidas e necessidades.

60
Pedindo fé

Muito obrigado por acreditar em ti, mas como os apóstolos te suplicamos: "Aumenta nossa fé".

Ajuda-nos, querido Deus, grande e bom, a crer que teu amor nos ama sem medidas, que teu poder nos protege sempre e em toda parte, que teu perdão será sempre abundante e nunca nos faltará.

Ajuda-nos a não ter medo de teu coração, a nunca nos cansar de caminhar em tua direção e a não desesperar nos momentos da provação.

Ajuda-nos a ver para além das aparências, descobrindo em cada ser um irmão
e em cada acontecimento uma graça.

Que a cruz não nos cause revolta nem o sofrimento nos seja fonte de amarguras. Pelos caminhos de Jesus, que se humilhou por nós, que amemos a vida e sempre rendamos graças a teu nome.

Muito obrigado, meu Deus, por acreditar em ti, mas como os apóstolos, de todo o coração, te suplicamos: "Aumenta nossa fé". Amém.

61
Pedindo amor

Não te pedimos, querido Deus, grande e bom, mais amor, porque já nos sentimos tão amados! Pedimos apenas que nos ajudes a amar aqueles irmãos, tristes, que choram por falta de amor.

Só quem, como Tu, tudo pode, pode amar tanto. Nós, que podemos tão pouco, somos avaros em amar. Mas não queremos amar pelo que podemos, mas porque fomos feitos à semelhança de teu amor.

Sentimos que esqueceste em nós a batida de teu coração. Somos amor e mais o somos quanto mais amamos em plenitude. A vida, que é tão bonita, apresenta, no entanto, tanto desamor. Mesmo quando o sol está brilhando, quantas pessoas não o veem por estarem chorando.

Dá-nos tua palavra para animar os desanimados.
Dá-nos teu olhar para iluminar os entristecidos.
Dá-nos tua mão para levantar os prostrados.
Dá-nos tua graça para abraçar os desgraçados.
Dá-nos tua cruz para testemunhar a tua salvação.
Dá-nos teu corpo para alimentar os famintos.
Dá-nos teu sangue para celebrar e alegrar a festa da vida.
E dá-nos teu coração para que possamos amar mais,
amar sempre, sem medida, sem cobrança, sem medo,
com alegria, semeando o bem, relevando o mal,
como Tu amas, ó Deus, grande e bom, fonte de todo amor.
Amém.

62
Pedindo esperança

Dá-nos, querido Deus, grande e bom, a imensa alegria de servir aos projetos comuns.

A esperança que queremos não é a de esperar um bem para nós, mas a de poder celebrar a vitória da vida para todos e com todos.

Jesus nos ensinou que a esperança não é uma fortaleza a ser conquistada a ferro e fogo, deixando um lastro de mortos e feridos, mas uma casa de amigos que se abre para um horizonte de promessas para todos os irmãos.

Assim queremos ser gente de esperança, arautos das grandes promessas,
semeadores de alegrias, plantadores de sonhos.

Pouco valeria ter os celeiros cheios de trigo se não houvessem convivas para a festa do pão. Pouco valeria a amplidão dos mares se não houvessem companheiros para a travessia.

É esta a esperança que te pedimos, ó bom e grande Deus: a força da esperança que faz brotar e florescer, frutificar e ser de todos o lindo e divino milagre da vida.
Amém.

63
Um pedido singelo

Concede-nos, Senhor, a graça de não reclamar do que nos falta e de sempre lutar pelo que nos é possível.

Dá-nos a sabedoria de não nos comparar aos outros e a alegria de abrir nossos braços para a riqueza dos ventos, que traz consigo o perfume dos jardins, a paz das montanhas, o canto dos passarinhos, a graça chilreante das crianças, a sabedoria dos velhos, o amor das famílias, o trabalho dos operários, a voz dos irmãos, a fé das Igrejas e, quem sabe, até tua surpreendente presença. Amém.

64
Pedindo a paixão de viver

Querido Deus, grande e bom,
que não sejamos nem fracos e desanimados,
nem duros e pretensiosos, diante dos desafios da
  vida.

Mas que a vida sempre encontre em nós
a disposição das pessoas prontas para a luta.

Não queremos ser ácidos ou amargos,
mas apaixonados e ensolarados,
quando se encontrar em jogo o bem, a paz,
a justiça e os destinos comuns.

Que saibamos enxugar uma lágrima
e fortificar uma chama que apenas bruxuleia.

E que, acima de tudo, acreditemos que a vida é um
    milagre
e que vale a pena servi-la com uma grande paixão,
mesmo que ela nos custe a solidão dos heróis
e o desprezo e abandono dos que são covardes.

65
Pedindo sabedoria

Tu és, Senhor Deus, a sabedoria e o caminho do
bem-viver. De tuas santíssimas mãos saíram o homem e a mulher e todas as criaturas carregam no
coração o eco de tua voz. És o grande amigo da
vida e o destino de nossos caminhos.

Muito obrigado porque nos fizeste à tua imagem e semelhança e plantaste no fundo de nosso espírito o desejo de ser como Tu. Somos pequenos, é verdade, mas não nos faltam sonhos de grandeza. Somos da terra, mas nossos corações alimentam os anseios do céu. Humanos, queremos ser divinos; pecadores, desejamos ser santos. Nossas mãos são frágeis, mas nossos corações vivem de utopias, das quais a mais sedutora é a de encontrar, um dia, tua face sacrossanta.

Reforça em nós, te pedimos, e torna insopitável este desejo humano e que não tenhamos outro desejo que não o desejo de sermos teus, pois esta é a sabedoria verdadeira, definitiva e salvadora. Em louvor de Cristo, tua sabedoria encarnada e revelada. Amém.

66
Pedindo a bênção para os filhos

De ti recebemos, Senhor, os filhos que são a graça e glória de nossas vidas. Não temos maior riqueza nem nada mais desejamos senão que sejam abençoados e protegidos por ti.

Assim como Jesus abraçava as crianças e estendia suas mãos sobre os doentes, assim, te pedimos, abraça nossos filhos e estende tuas mãos protetoras sobre eles.

Temos muito amor, mas somos fracos e impotentes. O mal é forte e as tentações são muitas. Os caminhos estão cheios de perigos e o coração deles é tão trêfego, ardoroso e sonhador.

Ajuda-nos a protegê-los quando nos sentimos incapazes. Defende-os quando o inimigo parecer cativá-los. Assim como São José e Nossa Senhora cuidaram de Jesus, cuida daqueles que nos deste como expressão do teu Filho.

Te confessamos que preferimos perder tudo, menos a tua graça para nossos filhos. Cobre-os com tua proteção e mostra-lhes o caminho do bem e da paz, do Evangelho e da vida eterna. Em louvor de Cristo, teu Filho e nosso Salvador. Amém.

67
Pedindo a graça do trabalho

Porque foste, meu Deus e Senhor, o primeiro grande operário, e criaste os céus e a terra com a graça de tuas mãos, peço-te que nunca me deixes sem a graça do trabalho e o desejo de imitar-te fazendo o bem e sendo útil aos irmãos.

Não te peço um emprego que me faça diferente dos demais ou do qual me envaideça sem propósito, mas um no qual possa ganhar o pão de cada dia, celebrar alegremente a fraternidade e dignificar a graça da vida em comunhão.

Também não te peço apenas emprego, peço-te trabalho no qual possa dividir com os irmãos um mesmo espaço comum, servindo e enriquecendo a comunidade e honrando os que trabalharam antes de mim para que pudessem usufruir as benesses da vida.

Trabalhando testemunhaste que o trabalho não é castigo, mas ocupação de vida e ocasião de encontro com os outros para a felicidade comum. Juntos, podemos ser como Tu: criadores do bem e fautores da festa da vida. Como Jesus, queremos plantar no trabalho as sementes do Reino dos Céus, exaltando a justiça, servindo a cidadania, sendo irmãos e louvando teu santo nome.

Hoje, estou sem trabalho, mas confio na tua graça. Não te peço nada demais. Quero apenas ser como Tu, um trabalhador que cria novos céus e novas terras, descansando depois ao ver que tudo que fiz foi bem feito, porque feito com os olhos postos no teu exemplo. Amém.

68
Pedindo uma boa morte

Esta oração fazemo-la chegar a ti, Senhor Deus, por São José, que morreu nos braços de Jesus e de Maria e que, por isso, é o padroeiro da boa morte.

De ti recebemos a vida, como graça, e a ti oferecemos a morte, como páscoa e fim de nossa peregrinação terrestre. Embora não queiramos morrer, também não queremos deixar de obedecer à tua santíssima vontade. Te oferecemos a graça de ainda querer viver.

Se hoje estamos vivos, amanhã poderemos não mais estar. Hoje e amanhã, queremos ser teus e, na vida e na morte, desejamos louvar teu santo nome e viver e morrer sob a tua proteção.

Te pedimos apenas que nos abençoes a cada minuto e que o minuto de nossa morte seja ainda um minuto em que agradeceremos a graça de sermos teus. Que o bom São José nos proteja e que Tu, nosso Deus, grande e todo-poderoso, nos chames, com amor, sem desespero nosso, quando chegar a nossa hora. Amém.

69
Pedindo a volta de um filho

Ele partiu, Senhor, e não voltou nunca mais. Deixou um vazio e meu coração sangrando. Não tivemos tempo de falar e de nos entender. Vivemos, hoje, nas trevas, separados e feridos.

Sei que és Pai e que amas a teus filhos, bons ou não. E que a todos abençoas, mesmo quando te esquecem. Te peço estes mesmos sentimentos bons e generosos para que nunca condene a quem ainda é jovem e sonhador.

Acompanha-o com teu amor e protege-o com teu poder. Abre seus caminhos para o bem e que sinta tua paz. E se tiver que tropeçar, que saiba se reerguer e continuar acreditando que a vida é graça e comunhão.

Enquanto chora meu coração à distância de seus olhos, toca seu coração de filho e consola meu coração de mãe. E que ele e eu, por caminhos diferentes e dolorosos, nos preparemos para o dia da festa e do reencontro.

Dá-me, Senhor, grande e bom, esta última graça: a de não morrer sem ver e abraçar o filho que, um dia, partiu, e que, um dia, por teu amor, ainda espero rever batendo à porta de nossa casa. Por Cristo, Nosso Senhor. Amém.

70
Pedindo para esquecer as mágoas

Cura meu coração, meu doce Senhor, porque o espírito maligno da tristeza tomou conta de meu interior. Estou triste e amargurado, magoado e sem vontade de viver. Sempre quis fazer o bem e ser uma pessoa correta, amando a todos, dedicando-me com afinco às minhas ocupações e só desejando a alegria dos outros.

Malcompreendida, acusaram-me de interesseira, ofenderam minha honra, não me deram chances de defender-me e magoaram meu coração. Hoje, sozinha, lamento que o diálogo tenha sido interrompido e que os horizontes sejam sombrios.

Bem sabes que não alimento ódios, que já ofereci o perdão, mas sinto o coração magoado. Gostaria de poder falar, de cantar e dançar, de participar da festa da vida. Mas meu corpo parece pesado e mais pesada é a sombra que cobre o rosto das pessoas quando me veem.

Te pergunto: Que posso fazer? Como desfazer os equívocos? Como refazer as pontes caídas? Só Tu conheces o coração humano do qual és mestre e senhor. Apelo para ti. Cura nossos corações. Acaba com as mágoas que sentimos. Dá-nos disposição para o perdão e que todos juntos, ofendidos e ofensores, nos encontremos debaixo de tuas asas para o abraço da reconciliação e da paz. Em louvor de Cristo. Amém.

71
A Santo Antônio casamenteiro

Santo Antônio, íntimo amigo do Menino Deus, servo da Mãe Imaculada, homem da santa oração, amigo dos pobres e consolador dos aflitos, lírio de castidade e fogo ardente de caridade, te suplico: intercede por mim a Deus para que atenda meu pedido!

Santo Antônio, desprezador das glórias mundanas, espelho de todas as virtudes, batalhador contra a falsidade e triunfador dos corações, te suplico: intercede por mim a Deus para que atenda meu pedido!

Santo Antônio, doutor da verdade e reformador dos costumes, glorioso milagreiro e restituidor das coisas perdidas, santo do mundo inteiro e nosso amável padroeiro, te suplico: intercede por mim a Deus para que atenda meu pedido!

Meu santinho querido, confio em ti e, sem mais, te confesso o que mais desejo: quero me casar! Olha por mim! Atende meu pedido! Suplica a Jesus que me conceda esta grande graça. Já estou meio desanimada, mas ainda confio na tua intercessão. Não quero nem pensar em te roubar o Menino Jesus dos braços, mas espero, de braços abertos, que me ajudes a encontrar o grande amor de minha vida. Amém.

72
Casal pedindo a paz

Nós te agradecemos, querido e bom Senhor, a graça de estarmos casados, de sermos e pertencermos um ao outro formando uma só família e tendo um mesmo destino comum.

Queremos continuar juntos, embora reconhecendo nossas fraquezas e nossa incapacidade de nos fazermos mútua e plenamente felizes.

Dá-nos um coração bom e compreensivo e a disposição espiritual de cada um pensar menos em si e mais no outro.

Se algo devemos perder, que seja em favor de nosso projeto comum. Que possamos, a cada dia, renovar a graça recebida quando nos conhecemos.

E se tivermos queixas a fazer, que sejam externadas com o coração e sem violência.

Nossa vida a dois é um sacramento de amor que foi por ti abençoado, e não um mero contrato de interesses, que procuramos cumprir por medo e vaidade e defender a benefício próprio e contra o outro.

Que o nome do outro,
que levamos escrito na aliança da nossa mão,
tenha o brilho do ouro,
o respeito que merece
e seja o dom que mais prezamos.

Abençoa-nos, Senhor Deus, mais uma vez, como já o fizeste no dia de nossas núpcias, e reforça em nós o caminho da união, do entendimento, do amor e da paz. Obrigado. Muito obrigado pelo grande amor de nossas vidas. Amém.

73
Pedindo paciência

Dá-nos, Senhor Deus, grande e bom, paciência para com os outros e para conosco mesmos.

E livra-nos dos impacientes apressados, dos chatos demorados, dos ranzinzas mal-humorados, dos azedos amargurados, e, se isto não for possível, que, ao menos, não sejamos isto tudo para as pessoas a quem mais amamos. Amém.

74
Pedindo despojamento

Senhor Deus, grande e bom, que os bens materiais não nos tirem o maior de todos os bens: a sabedoria da paz, a alegria de viver e a felicidade da boa convivência.

Que as coisas não nos separem, mas nos unam. E que não sejamos ambiciosos e vorazes.

Dá-nos um coração livre e generoso, simples e despojado, para não ofendermos a suprema graça de sermos irmãos, pois mais vale um simples amigo do que todo o dinheiro do mundo. Amém.

75
Pedindo coragem

Recebe, ó Deus, grande e bom, nossos medos e fortifica nossa fé. Não nos abandones em nossas fraquezas, mas ajuda-nos a dar uma resposta às dúvidas que angustiam nossa vida.

E que nunca percamos a coragem de confiar no milagre da vida, no dia de amanhã e, principalmente, em tua providência. Amém.

76
Pedindo bondade

Meu Deus, grande e bom, que eu seja bom, somente bom, acima de tudo bom.

Que nunca venha a julgar os outros com crueldade e muito menos a condená-los sem piedade.

Que não confunda bondade com ingenuidade, nem coração aberto com indignidade.

Que minha bondade tenha a firmeza dos caminhos justos e a paixão dos destinos comuns.

E se tiver que ser duro, que seja para mim mesmo. Para os outros, só bondade e firmeza, acima de tudo e sempre, um coração bom, firme e compassivo. Amém.

77
Pedindo perdão

Reconheço, Senhor Deus, fonte de toda graça, que tenho mil razões para pedir perdão.

Peço especialmente perdão por não ser como deveria ser.

E, por ser como sou, pobre e covarde, peço perdão por decepcionar os que confiavam em mim e esperavam mais de minhas atitudes.

Mas acredito que mais do que ofender os irmãos, que facilmente me perdoarão, tenho que pedir perdão aos pobres que choraram lágrimas mais amargas porque não soube amá-los quanto devia. A eles peço um perdão redobrado. Ofendi-os e magoei-os, tornando-os pobres de confiança, quando os decepcionei em tempos de penúria.

Peço-lhes, como penitência, uma maior consciência de minhas fraquezas e um travesseiro que, quando ofendê-los, não me deixe dormir em paz. Amém.

78
Pedindo a cura

Ó Deus, grande e bom, Senhor todo-poderoso do céu e da terra, eu vos adoro, do fundo de minha pobreza e na aflição de minha doença, e vos reconheço como único e verdadeiro Bem.

Ó Jesus, meu Deus salvador, Vós sois o primogênito de todas as criaturas e todos os seres foram criados à vossa imagem e semelhança. Vós sois toda a graça da vida e o grande pontífice da nossa salvação.

Ó Divino Espírito Santo, amor do Pai e do Filho, fonte da santificação humana e doce hóspede de nossas almas, eu vos adoro e, cheio de alegria e confiança, canto vossos louvores exaltando vossa ação na Igreja e no mundo.

A Vós, Trindade Santa e sacrossanta, unido a todos os santos e à santíssima Virgem Maria, suplico do fundo do coração por minha saúde física e espiritual.

Porque em Vós não existe nenhum sintoma de doença e porque sois fonte torrencial de vida e saúde, peço vossa ajuda neste momento difícil de minha existência. Meu corpo, que é expressão visível no mundo de vossa invisível presença, e meu espírito, que respira vossa santidade, encontram-se doentes e precisam de vossa ajuda. Como o cego de Jericó e como os leprosos nos caminhos de Jesus, clamo pela força de vossa mão e pela cura. Se quereis, podeis curar-me!

Tocai meu corpo e soprai para dentro do meu espírito, para que volte a sentir a alegria da saúde e possa vos louvar com o coração agradecido. Não vos peço apenas para recuperar a saúde, mas para que, pelo milagre dela, vosso nome seja glorificado e todos admirem o poder de vossa onipotência.

Curai-me, querido Deus. Realizai em mim, pobre servo vosso, as maravilhas do vosso amor. Mas não se faça como eu quero, mas, sim, a vossa santíssima vontade. Se não for do vosso agrado que eu recupere a saúde, entrego em vossas mãos a cruz da doença e vos suplico que me ajudeis em meus momentos de sofrimento.

Na vida e na morte, na saúde e na doença, de dia e de noite, hoje e sempre, que vosso nome seja bendito e que vossa majestade seja reconhecida assim na terra como no céu. Em louvor de Cristo. Amém.

79
Oração da comida

Ó Senhor,
que a comida não me faça tão gordo
que me impeça de entrar pela "porta estreita" do
Reino dos Céus,
nem me seja tão proibitiva

que me distancie da alegria das mesas desta vida.
Amém.

80
Pedindo um bom coração

Dá-me, Senhor, um bom coração! Um coração que não seja de pedra, mas de carne, bom e compassivo, caloroso e cheio de misericórdia, sempre pronto para acolher e abraçar. Que mais do que conhecimentos, meu coração seja rico de sentimentos. Que mais do que habilidades para resolver problemas, ele seja sensível para partilhar dúvidas e vitórias. Que nunca se faça valer pelo que tem, mas que valha pela riqueza que todos os corações têm em comunhão.

Dá-me, Senhor, um bom coração! Um coração que saiba se inclinar sobre os que sofrem e fazer festa com os que se alegram. Um coração que respeita a intimidade de quem, timidamente, se retrai e só entre respeitosamente no íntimo dos outros quando convidado. Um coração que não alimente nem vaidades nem arrogância, mas que seja simples e humilde, terno e cheio de atenções.

Dá-me, Senhor, um bom coração! Um coração ensolarado, alegre e feliz, alevantado e aberto para todos, que não tenha medo de viver para fora nem se amedronte com os desafios da vida. Um coração que tenha grandes olhos para o milagre da vida e asas estendidas para voar em direção das altas montanhas. Um coração que bata ao compasso do mundo e que dance com as alegrias e chore com as tristezas do dia a dia.

Dá-me, Senhor, um bom coração! Um coração que não seja egoísta ou agressivo, ríspido ou mal-educado, pequeno e mesquinho, refratário ou ressentido. Não! Que meu coração aprenda a viver para a grande vida e amar os grandes ideais. Que ele vibre com as conquistas da ciência, participe das ações da comunidade e sirva sempre com orgulho às causas da cidadania. Que nunca se encolha no comodismo e sempre se empenhe pela paz e pelo bem da sociedade.

Dá-me um bom coração! Bom para amar. Bom para deixar-se amar. Bom para agradecer a graça de viver. Bom para lutar pelos pobres e para nunca aceitar, passivamente, a insolência dos prepotentes. Que meu coração seja, ao mesmo tempo, um jardim para os passarinhos e um deserto para as feras. Que dentro dele encontrem abrigo os pequeninos e haja sempre uma casinha para os que se sentem desabrigados.

Dá-me, meu bom e doce Senhor, um bom coração, para que eu possa ter e te oferecer, de dia e de noite, na vida e na morte, hoje e sempre, apenas e na alegria, um bom coração. Por Cristo, Nosso Senhor. Amém.

Parte V
Meditações

O ser humano sadio é naturalmente contemplativo. Contempla o céu, a vida e seu próprio coração, e se interroga.

Ao meditar, alimenta-se de por ques que buscam respostas, tropeça em dúvidas para as quais nem sempre encontra soluções.

As perguntas fazem parte de sua alma filosófica e espiritual. Há mistérios grandes que sua pequena cabeça não abarca, mesmo quando sua fé o coloca de joelhos, em submissa adoração.

A religião é fecunda de sombras e perguntas. Quanto mais o místico penetra no mistério, mais a luz se faz trevas. Mas essas trevas podem ser luminosas quando o crente não descamba para o raciocínio fácil e para a simplificação enganosa de sua avidez intemperante.

81
Meditação diante do Presépio

Senhor Jesus, ainda que mal pergunte:
Por que, sendo tão grande, te fizeste tão pequeno?
Por que, sendo tão rico, aceitaste nascer tão pobre?
Por que, vivendo no céu, te rebaixaste a um estábulo?
Por que, possuindo um trono, quiseste santificar uma manjedoura?
Por que, se vivias rodeado de anjos, quiseste a companhia de animais?
Por que, se eras um com Deus, aceitaste ser mais um com os homens?
Por que, Senhor, se eras onipotente, te encantaste com a fraqueza humana?
Por que, sendo só beleza, te cobriste com os trapos da vida?
Por que, sendo o pão da vida eterna,
escolheste para nascer em Belém – a *Casa do Pão*?

Responde-me: por que não nasceste num palácio?
Por que nasceste como uma criancinha indefesa e não como um Deus forte?

Por que escolheste o choro como tua primeira manifestação?
Por que te escondeste tanto
que foi preciso uma estrela para que os Magos te pudessem encontrar?
Por que, Senhor, meu Deus, por que tua mãe
foi uma escrava e não uma rainha?
Por que teu pai tinha que ser o Espírito Santo? Por que não São José?
Por que tiveste que nascer fora de casa, quase num exílio,
sem os cuidados mínimos que quase todas as crianças têm?
Por que, sendo o que és, quiseste te fazer como nós somos?
E por que, te fazendo como nós somos,
não exigiste condições para seres melhor do que nós?

Ah, Senhor, temos tantas dúvidas! Nossa fé parece tão reticente!
Por que teu natal nos suscita tantas perguntas?
Responde-nos! Por que não encontramos respostas para elas?

Queridos irmãos, queridíssimas irmãs:
Não nasci como Deus, porque nascer como gente já
é graça demais.

*Não nasci grande, porque ser pequeno não é defeito
nem desdouro.
Não nasci rico, porque a pobreza é dama de altíssi-
ma nobreza.
Não escolhi nascer num palácio, porque quis experimentar
o calor dos lugares pequenos e abandonados.
Se escolhi nascer como todo mundo nasce,
é porque desejei que todos, um dia,
pudessem viver como só Deus vive.
Se escolhi animais como companhia,
é porque nem sempre as pessoas
se mostram mais dignas do que eles.
Se uma estrela teve que anunciar meu paradeiro,
é porque nem sempre os olhos estão abertos
para o que a vida tem de bonito.
Se assumi o destino de ser apenas um homem,
é porque o destino das criaturas é ser como Deus.*

Nasci como nasci para denunciar a sorte
de tantas criancinhas que nasciam e continuam nascendo
em estrebarias e manjedouras.
Sim, nasci pobre e fraco, pequeno e abandonado,
fora de casa e quase num exílio,
para que todas as vidas fossem declaradas sagradas.
Meus amigos, em Belém, na "Casa do Pão", há uma
mensagem

e uma utopia, uma lição e uma hipoteca que meus seguidores
saberão pagar mesmo com o sacrifício de suas vidas.

Senhor Deus, ó Deus Menino:
Escutamos o que dizes, mas não entendemos o que falas.
Nossas perguntas se agarram no vazio
e teu nascimento continua a nos intrigar.
Tuas respostas são surpreendentes e desconcertantes.
Olhamos para ti e te vemos,
mas tuas respostas nos deixam um travo na boca.
Te preferíamos grande e onipotente, rico e coberto de esplendor,
aparecendo sobre as nuvens do céu,
mas não escondido e relegado a uma estrebaria.

De que mensagem e lição estás falando?
Qual é, afinal, a utopia do Natal?
Ilumina, te pedimos, nossas mentes e fortifica nossa fé e coração.

Queridos irmãos e irmãs:
É importante parar diante do presépio para entender sua mensagem
e deixar-se cativar por sua ternura.
O presépio não é uma armação fantasiosa,

*mas o caminho de Deus para os homens e para Si
mesmo.*
*A lógica do amor de Deus é tal que seria inconcebível
e mentiroso vê-lo nascer no palácio de Herodes.*
*Por seu amor, Deus tinha que nascer na pobreza,
identificando-se com os destinos humanos mais simples e relegados.*

*A utopia do Natal, por isto, é a da alegria pura,
despojada de todo e qualquer artifício de poder.
Deus, que é tão rico, não podia escolher
a pequena riqueza de um palácio para revelar sua
infinita riqueza.
Deus, que é onipotente, não podia escolher
o poder passageiro de reis e príncipes para mostrar
sua majestade.
Deus, que criou todos os seres,
tinha que nascer como um deles para assim testemunhar
que todos são bons, santos e obras suas.
Foi por isto que nasci como nasci,
de uma mulher, em Belém, numa manjedoura.*

*É verdade, sendo rico me fiz pobre;
sendo grande me fiz criança;
sendo Deus me fiz homem;
sendo o que sou me fiz o que vocês são.*

*E sendo o que vocês são, encontrei minha alegria
neste mundo.*
Confesso-lhes: valeu a pena.
*Sim, valeu tanto a pena que quero nascer a cada ano
em Belém,*
numa estrebaria, entre bois e jumentinhos.

Esta é a minha alegria de Deus.
*Será que poderá ser também a alegria dos homens
e mulheres,*
de vocês, meus irmãos e irmãs?
*Como eu gostaria que os anjos pudessem cantar,
a cada ano, nas campinas de Belém,
anunciando uma grande alegria para o povo
e desejando Paz para todas as nações e pessoas de
boa vontade!*

Querido Deus, lindo Menino e Príncipe da Paz:
Não queremos mais fazer-te perguntas.
Perdoa nossa ousadia e insensibilidade.
Queremos, hoje, só adorar-te, dobrar nossos joelhos diante de ti
e estreitar-te em nossos braços, contra nosso coração.
Já entendemos, agora, um pouco a utopia do Natal,
a mensagem da manjedoura, a lição do presépio.

E assumimos o compromisso de lutar
para que nenhuma criança jamais nasça numa estrebaria,
que toda casa seja uma *Casa do Pão*
e que Belém seja o ponto de encontro entre o céu e a terra,
de Deus com os homens e dos homens com seus irmãos.

Obrigado, muito obrigado por esta noite santíssima
e por teu adorabilíssimo nascimento.
Esquece a rudeza de nossas perguntas.
É hora de agradecer, de amar, de rezar.
De rezar a ti, de rezar a Deus Pai e ao Espírito Santo.
Que nossa oração manifeste nossa fé
e que nossa fé possa louvar teu nome,
revelar a alegria por teu natal e confessar nosso compromisso
diante do mistério da vida e do sofrimento dos pobres.
Pela utopia do Natal, te prometemos, de novo,
lutar para que nenhuma mãe grávida se sinta abandonada
e que nenhuma criancinha tenha que chorar
entre um boi e um jumentinho.
Em louvor de Cristo, menino e Deus. Amém.

82
Meditação diante da *Pietà*

13ª estação da Via-sacra

Em teus braços, ó Mãe das Dores, jaz Cristo morto.
Seus olhos já não têm mais luz. Perderam o brilho.
Teu coração chora as lágrimas que seus olhos já
não podem chorar.
Se não sentes o peso de seu corpo,
é porque a morte não tem peso: só dor e sofrimento.
Diante dela, só nos sobra o vazio da tristeza, a sau-
dade que dói
e a cruel pergunta que não tem resposta: Por quê?
Por que crucificaram Jesus?

Gostaríamos tanto, Senhora das Dores,
de poder abraçar teu Filho Jesus, como Tu o fazes,
para confessar-lhe nosso amor e chorar nosso es-
panto e tristeza.
Por que crucificaram Jesus, Santíssima Mãe?
Não passara Ele entre os homens só fazendo o
bem?
Não abrira os olhos dos cegos, não curara o leproso,
não expulsara os espíritos malignos e não fizera
saltar, de alegria, o coxo?
Por que, então, o crucificaram?

Não perdoara a pecadora pública, impedindo que a apedrejassem?
Não prometera o céu às prostitutas e aos publicanos?
Não abençoara as crianças e não curara o homem da mão seca?
Por que, então, o crucificaram?

Não era Ele o mais santo dos homens,
o mais pobre dos pobres,
não quis somente fazer a vontade de Deus?
Não pregara Ele a misericórdia e o perdão,
não ensinara que a felicidade é fruto do serviço,
lavando os pés de seus discípulos e repartindo o pão com o povo esfaimado?
Por que, então, o crucificaram?
Por que jaz Ele, agora, morto em teus braços?

Meus queridos filhos:
Os desígnios de Deus são misteriosos e incompreensíveis,
mas não são nem injustos nem cruéis.
Sua vontade é santa e cheia de graça,
mesmo quando entramos pelos caminhos da morte e da dor.

Podemos nos perguntar "por quê" para entendê-lo,
mas sem duvidar de sua bondade para não desesperar.

Sua mão é onipotente e seu coração está aberto,
como o coração de meu Filho.

Cuida das mais pequeninas flores do campo
e do canto dos passarinhos.
Corre atrás da ovelha tresmalhada
e procura a moedinha perdida.
Consola a mãe aflita
e devolve alegria aos que o invocam na dor.
Lembrem-se de que seu sol continua brilhando,
mesmo quando os horizontes se tornam carregados,
para os que têm fé e confiam em sua providência.

Senhora santa, Santíssima Mãe das Dores,
ajuda nossa fé e acalma nossa revolta.
Toca nosso coração e releva nossa desilusão.

Jesus era a esperança dos pobres.
Viera proclamar um ano da graça e nunca fizera
mal a ninguém.
Percorrera, sem ter uma pedra onde pudesse reclinar sua cabeça,
os caminhos de sua terra,
fazendo milagres e semeando bem-aventuranças.
Anunciara o Evangelho do Reino
e convidara os marginalizados e excluídos da sociedade
para a mesa do banquete dos eleitos.

Por que, então, foi rejeitado, perseguido e preso?
Por que o colocaram na lista dos malfeitores
e o silenciaram com três pregos?
Por que seus amigos o abandonaram, negaram e
traíram?
Por que teve que suar sangue
e por que seu coração foi rasgado por uma lança?
Por que gritou de desespero na cruz
e, agora, jaz, de olhos fechados, sem brilho,
no teu colo de mãe, machucando de dor teu coração
e enchendo de saudades tua alma que vivia encan-
tada por Ele?

Por quê? Por que tanto sofrimento?
Por que não és só a nossa Senhora da Glória,
a Virgem Imaculada, a Rainha Assunta ao céu?
Por que não és só a destinada para ficar junto ao
trono de Deus,
a medianeira de todas as graças, a mãe da divina
misericórdia?
Por que és a *Pietà*, a Virgem dolorosa, Nossa Senhora das Dores?
Por quê?

Meus queridos filhos:
Não perguntem tanto.
Creiam mais. Confiem mais em Deus.

Olhem menos para o mal. Olhem mais para Ele.
Só Ele tem todas as respostas para seus cruéis por quês.
Jesus tinha que morrer para fazer a vontade do Pai.
Morreu para rasgar, com sua cruz,
o documento que fora lavrado contra a humanidade.
Foi crucificado para salvar e garantir o perdão
para todos os pecados dos homens.
Com sua morte abriu o céu
e restituiu aos que nele acreditam a veste nupcial
para a festa.

Morreu, mas não morreu para sempre.
Conheceu o desespero para devolver-nos a esperança na vida.
Silenciaram sua voz para fortalecer nosso grito de fé.
Aceitou a cruz e não fugiu do calvário
para dar credibilidade ao Tabor.
Abriu seus braços para que ninguém feche os seus aos outros.
Jaz, agora, em meus braços, morto, mas em paz,
para que ninguém mate seu semelhante,
mas seja um instrumento de paz e uma fonte de salvação.
Por isto, foi só por isto que meu Filho foi crucificado.
Morreu para que ninguém acredite que a morte é o fim.

Sua história, aliás, não teve um fim, mas caminhou para a Páscoa.
Esta Páscoa é a resposta divina a todos os por ques humanos.

Santíssima e querida Mãe, ó nossa Senhora das Dores:
nossas perguntas nos cansaram,
tuas respostas nos devolveram a paz ao coração.
Falamos, revoltados, como tolos,
sem entender que os caminhos de Deus são sempre graça e bênção,
mesmo quando passam pelo vale das sombras
e colocam um filho morto nos braços de sua mãe,
criando a piedosa imagem da *Pietà*.

Perdão e obrigado. Desculpas e não nos leve a mal.
Aumenta em nós a fé nos desígnios de Deus.
Confessamos que não mais queremos apenas entendê-los.
Desejamos antes obedecer-lhe como o fez Jesus.
A Ele queremos seguir na dor e na alegria,
no poder dos milagres e na loucura de amor da cruz.
Aceitamos, na fé, abraçar nossas cruzes
e oferecer aos irmãos a nossa vida.
Mas queremos também estar a teu lado,

para que não te sintas sozinha neste momento de dor.
Oferecemos a nosso Pai do céu
tua soledade de Senhora das Dores,
de *Pietà* com Cristo e Mãe de todos os sofredores.
Seremos sempre adoradores do corpo santo de nosso Salvador,
cantores felizes de sua Ressurreição
e presença amiga junto a todas as *pietàs* de nossas sociedades. Amém.

83
Meditação diante do leproso

Querido São Francisco de Assis,
santo *poverello* do Deus bom e altíssimo,
ensina-nos a graça de acolher, com alegria, a nossos irmãos leprosos.

Ajuda-nos.
Eles nos despertam pena e nós os deixamos a distância.

Seus olhos estão fundos e seu olhar não tem sol.
Mais do que sobre seus rostos,
uma capa de tristeza cobre-lhes a alma,
enquanto seus corações alongam uma súplica de
compreensão.

Antes de tua conversão, enquanto vivias em pecado,
confessaste que te era "deveras insuportável" olhar
para leprosos,
até que o Senhor te conduziu para o meio deles
e te deixaste tomar de misericórdia.
Antes, fugias porque estavas em pecado;
depois, abraçavas o que até então te era amargo,
experimentando insonhada "doçura da alma e do
corpo".

Pai santo, nós ainda somos muito "mundanos"
e, como pecadores, preferimos companhias agra-
dáveis
e pessoas simpáticas, festeiras, sadias e perfumadas.
O mal nos causa horror e mal-estar
e olhamos com relutância os crucificados de qualquer cruz.

Ensina-nos, te pedimos, a graça de sermos simplesmente irmãos,

sem discriminação e sem medo, com alma e coração,
de braços abertos para abraçar e alegria no olhar para bendizer.

Meus queridos irmãos e irmãs:
A vida, toda e qualquer vida, é sopro santo de Deus.
Diante do Criador, ninguém é mais, ninguém é menos.
Todos somos pequenos, só Ele é grande.
Todos somos pobres, só Ele é rico.
Todos somos doentes,
só nele não existe qualquer sintoma de doença e maldade.

Todos somos insignificantes, mas todos temos, ao mesmo tempo,
a nobreza dos agraciados filhos do Deus altíssimo.
Ninguém é dono de nada.
Somos tempo que passa, flor que murcha,
sopro que, hoje, respira e, amanhã, expirará.

Assim somos, assim é a natureza humana:
deserto árido com poucos oásis,
e sonhos borbulhantes de uma linda Terra Prometida.

Todas as criaturas são crísticas,
marcadas pela graça chamada Jesus.
A única desgraça definitiva é o pecado mortal.
Doenças, carências, pobrezas e todo tipo de mal:
físico, psicológico, material, espiritual e moral,
serão resgatados, um dia, pelo senhor da vida e vencedor da morte.
Ele, então, há de cobrir-nos com seu manto protetor,
fazendo-nos semelhantes aos anjos dos céus.

Lembrem-se: esta vida é apenas uma passagem,
um pedaço de tempo,
uma aventura que começa nas mãos de Deus,
se prolonga por sua graça, é sustentada por seu poder,
e terminará em seus braços de Pai, Amigo e Salvador.

Quando morrermos, não haverá mais lágrimas ou tristezas,
todos, leprosos ou não, seremos inundados de paz e alegria,
acabarão, então, todas as lepras e doenças,
seremos pessoas glorificadas, ressuscitados bem-aventurados,
novas criaturas felizes e dançantes, transfiguradas e espirituais,
segundo a imagem e com os sentimentos
de Nosso Senhor, Jesus Cristo.

Não vale a pena iludir-se, por conseguinte,
com as riquezas e quimeras deste mundo,
pois enganosa é a beleza e fugaz a formosura.
Só a fortaleza e a dignidade, a sabedoria e o temor
de Deus
florescerão nos caminhos e aos olhos do Senhor.
Quanto mais uma pessoa se confessar pobre e pecadora,
mais a graça de Deus a exaltará, fazendo nela sua
morada.

Considerem, meus irmãos, aprendam, minhas irmãs:
Todos somos leprosos das mais diversas lepras.
Só Deus é puro, só Ele é a fonte incorruptível de toda
saúde.
E porque todos somos filhos de seu entranhado amor,
todos participaremos, um dia, da pureza de sua vida.

Abracemos, por isto, os leprosos e beijemos-lhes as
feridas,
como Jesus, em nome do senhor da vida.
Ele, então, encherá nosso coração de alegria
e uma inesperada doçura inundará nossa alma e
nosso corpo.

Foi isto que experimentei quando deixei os caminhos do pecado

e, pela graça de Deus, fui viver com os leprosos.
Não sabia que as feridas deles eram as feridas do Cristo crucificado.
E, por ter deles me aproximado,
acabei me encontrando com o Salvador dos homens.

Querido santo, *poverello* de Deus, arauto do Grande Rei:
Este é o caminho real da cruz de Nosso Senhor, Jesus Cristo.
Este é o caminho da salvação e da páscoa.

Diante do homem das dores, que não tinha nem beleza nem formosura,
que era desprezado e foi considerado o refugo da humanidade,
mas que, no entanto, carregou nossas enfermidades e tomou sobre si nossas dores,
juramos que nunca mais desprezaremos a qualquer irmão,
pobre ou pecador, marginalizado ou leproso.
Para eles, abriremos nossos braços,
oferecendo-lhes o calor de nossos corações.

A ti, que amaste os leprosos,
te pedimos que, ao abraçá-los, nos consigas de Deus

a grande graça de abrir nossos olhos
para a beleza sem par de Cristo Jesus,
que vive no leproso, que foi leproso, que curou todas as lepras.
Amém.

84
Meditação diante do sepulcro vazio

Ó Senhor, que tão bem conheces o coração humano,
bem sabes o quanto tememos a morte
e o quanto vivemos apegados à vida.
Sabes também que, na melhor das hipóteses,
até fazemos do cemitério um lugar de piedade...,
quando se trata da morte dos outros,
mas, ao mesmo tempo, de horror..., quando se trata
da nossa.
Temos consciência de que Ele é o nosso destino,
mas tudo fazemos para dele esquecer o endereço.

Numa sexta-feira, quando mal completavas 33 anos
e apenas vias repontar as primeiras sementes do
Reino,

a morte tragicamente interrompeu tua vida.
Entre dois ladrões, traído e negado por teus discípulos,
abandonado por teu Pai do céu
e apenas acompanhado por tua mãe e umas poucas mulheres,
morreste sem graça e sem apelação.
Teu grito de desespero –
"Meu Deus, meu Deus, por que me abandonaste?" –
ficou pendurado no vazio
e teu fim foi apenas iluminado por um doloroso ato de fé:
"Em tuas mãos, ó Pai, entrego-te meu espírito! Tudo está consumado!"

Agora, sentados à beira de teu túmulo,
entre surpresos, estupefatos e cheios de perguntas,
ainda nos sentimos mergulhados na incompreensão dos fatos.
Se eras o Deus vivo, por que tinhas que morrer?
Se tinhas que morrer, por que tiveste que sofrer tanto?
Se eras o enviado de Deus e adorado pelos anjos,
por que foste abandonado pelo céu e amaldiçoado pela terra?

A humanidade permanece muda diante dos desígnios de Deus.
Por que fazer sofrer e morrer o próprio Filho?
Por que fazê-lo gritar de dor, destruindo-o,
se Ele era a fonte da vida?
Por que levá-lo ao desespero,
se Ele fora dado ao mundo como esperança?
Por que reduzi-lo ao silêncio,
se Ele fora anunciado como o Verbo de Deus?
Que respondam o céu, as nuvens
e os abismos mais profundos da terra:
Se Jesus tinha uma mensagem de vida e salvação
para a humanidade,
por que tinha Ele que morrer crucificado, como
um celerado?
Por quê? Por quê? E por quê?,
perguntamos três vezes, sem encontrar respostas.
Hoje, sentados à beira de seu túmulo vazio,
continuamos nos perguntando: Por quê? Por quê?
Por quê?

Meus queridos irmãos e irmãs:
A Paz esteja com vocês!
Como criatura, filho de Maria e da graça de Deus,
também me perguntei muitas vezes, em vida, por
quê.

Sabia que meu Pai tinha misteriosos desígnios
e queria que fosse rasgado, na cruz,
o documento que tinha sido escrito contra os homens, meus irmãos.
Foi por isto, só por isto, que aceitei, mesmo desesperado,
fazer sua vontade, e não desci da cruz.

Hoje, confesso-lhes, valeu a pena.
De agora em diante, a fronte de cada irmão, homem ou mulher,
ostenta um selo salvador de preço inestimável e eterno.
Minha cruz passará para a história
como instrumento da salvação de Deus.
Quem olhar para ela e invocar meu santo nome será salvo.
Quem a desprezar estará, infelizmente, condenado.

A paz eu a trouxe, a paz eu a conquistei.
Meu túmulo, agora, está vazio
porque a poderosa mão de Deus me ressuscitou.
Ele me glorificou e exaltou diante dos anjos e dos homens
e, hoje, estou assentado, à sua direita, num trono de glória.
Dois anjos, com vestes brancas e espadas flamejantes,
atestam que hoje é o dia do Senhor, o santo dia da Páscoa.

Proclamem a meus irmãos e a todo o mundo que ressuscitei
e que eles podem fazer a festa da vida
e cantar a misericórdia de Deus.
O demônio se encontra definitivamente amarrado
e já não poderá mais fazer mal a ninguém.

Esta é a vitória da cruz. Esta é a vitória do amor de Deus.
Meu sepulcro está vazio.

A morte deixou de ser um espantalho,
e todos os cemitérios do mundo
são apenas a porta de entrada para a nova vida
e um jardim onde começa uma eterna e feliz páscoa.

Querido Jesus, nosso bom Deus e senhor,
nós te louvamos e cremos em tuas palavras,
confessamos teu poder e agradecemos a Deus por teu amor.
Graças a teu sepulcro vazio, já não temos mais medo da morte
e cantamos, jubilosos, aleluias de ressurreição.

As incertezas de nossas dúvidas foram invadidas pela luz do dia,
nossos pés dançam de gozo e felicidade

e, com alegria e sempre iluminados pela fé,
abrimos, felizes, nossos braços para a amplidão do
céu.

Tu és o Cordeiro de Deus que tira o pecado do
mundo!
Tu és o Caminho, a Verdade e a Vida santa e plena!
Tu és a Paz que buscamos e o canto que nunca deixaremos de cantar!
Tu és o Rei dos reis, o senhor dos senhores,
a Glória do Pai, o Pão dos anjos, a Recompensa dos
justos e a Festa da vida.

E nós somos e seremos teus seguidores,
arautos cativos de tua vitória sobre a morte,
cantores de teu sepulcro vazio.

E te prometemos, diante de teu corpo glorioso,
que sempre lutaremos contra todo tipo de morte,
contra a fome, a miséria e a exploração de qualquer
irmão,
para que ninguém nunca sinta vergonha por não
ter pão e trabalho,
nem tristeza por falta de companhia e compreensão.
Lutaremos para que a vida seja, para todos, vida e
não morte.

Em nome da justiça, lutaremos contra perseguições injustas,
para que ninguém seja cruelmente trocado por
Barrabás
ou coroado de espinhos e vilipendiado em sua dignidade.

Assim foi a tua história:
Passaste pela vida fazendo o bem e pregando o
Reino.
Se teu sepulcro está vazio
é porque te comprometeste com a festa da vida
e queres encher de esperança o desespero da morte.
Como os apóstolos, não deixaremos de anunciar,
ao mundo,
que ressuscitaste verdadeiramente.

E porque estás vivo, também nós serviremos ao
milagre da vida,
honrando tua vitória sobre a morte na vida e morte
dos nossos irmãos.

Obrigado, ó Cristo ressuscitado, nosso Deus e senhor!
Em nossa pobreza, mas cheios de confiança e alegria,

a ti oferecemos o que somos e temos,
nossa vida e a tão temível morte,
a vida que ainda temos e o sepulcro que nos espera.

Quando a pedra tumular for colocada, definitivamente,
sobre a campa de nossa última morada,
encerrando nossa peregrinação e selando nossa
sorte temporal,
que tua palavra criadora nos acorde com tuas divinas promessas
e que teus braços nos apertem, fortemente, num
grande abraço,
de glória, de festa, de felicidade, de páscoa eterna.
Amém.

85
Meditação diante do milagre da vida

Grande e bom Deus, nós te confessamos como criador da vida.
Tudo – acreditamos – saiu de tuas mãos e todos te pertencem.
Nada existe que não tenha a marca de tua voz,
e a pessoa humana tem até a batida santa de teu coração.
Queremos, por isto, agradecer-te por todo o universo.
Muito obrigado pela existência do sol e da lua,
das estrelas mais luzidias e dos vermes mais insignificantes.
Obrigado pelos seres inanimados:
as pedras, as águas, as plantas, as estrelas.
Obrigado pelos animados:
os anjos, os humanos, os animais, os demônios.
Deveríamos também agradecer-te pelos desanimados?
Quanta gente deprimida, entristecida, sem graça, crucificada!

Quantos irmãos nossos que já não levantam os
olhos para o céu!
Quantos estão pedindo a morte e morrendo aos
poucos, a conta-gotas,
como se Tu não fosses o Criador e Senhor de suas
vidas!

Querido Deus, amamos a vida e te reconhecemos
como seu criador,
mas não dá, simplesmente, para aceitar a vida como
ela é.
Não te revoltas com os dramas que esconde,
com as tragédias que a maltratam,
com as tristezas sem solução que apresenta
e com os fermentos de morte que a tornam
pouco divina e quase diabólica?
Como pode ser assim, tão sem graça,
algo que saiu de tuas mãos tão cheias de graças?
Se és o "grande amigo da vida",
como pode a vida ser tão contra a vida?

Meus filhos e filhas, tenho pela vida a maior paixão.
O escritor do livro da Sabedoria, inspirado por mim,
afirmou que nada detesto daquilo que criei, um dia,
que tudo subsiste porque eu o quero
e que, por isto, não condeno nem mesmo o pecador,

porque sempre o perdoarei com meu amor onipoten-
te (11,22-26).
Isto não são apenas palavras, mas uma verdade di-
vina e imortal.

Não importa como se apresenta,
não importa como é tratada,
a vida, para mim, será sempre uma bênção e um
milagre
e, a cada manhã, eu a cubro com minha graça.
Antes que o galo cante, antes que o sol se levante,
já estou de pé para protegê-la e defendê-la, divina-
mente.

Na verdade, nem todos pensam e agem como eu.
Há os que se pensam ser um falso deus e a exploram,
entristecendo meus filhos e adulterando seu mistério.
Lamento muito. Este é o maior de todos os pecados,
o pecado de fazer do milagre da vida uma desgraça
do inferno.
Eu mesmo me pergunto:
Por que os homens fazem da vida uma tristeza,
se eu a criei para ser alegria e felicidade?
Por que a vida não é uma festa para todos os meus
filhos
se ela foi criada à imagem da festa que existe no céu,
se ela ainda guarda as saudades do paraíso inicial?

Querido e bom Deus,
as tuas perguntas são as nossas dúvidas e revoltas.
O mistério do mal nos machuca e impacienta.
Não sabemos o que fazer diante do agressor senão
condená-lo.
Nossa tentação é responder com violência aos
violentos.
Pessoas mais radicais gostariam, como solução, até
de eliminá-los.
Eliminando um Hitler
não teríamos evitado a Segunda Guerra Mundial?
Eliminando um Sadam Hussein
não teríamos nos livrado da Guerra do Golfo?
Eliminando ditadores
não teriam os povos preservado suas democracias?
Para onde caminha a humanidade
quando respeita os direitos pessoais de seus gover-
nantes
que não respeitam os direitos humanos das comu-
nidades?

A grande dúvida que nos assola o espírito é esta:
por que o mal é tão forte e onipresente,
por que teu inimigo, o demônio, é tão senhor deste
milagre, que é a vida,
e por que Tu, ó Deus criador, ficas tão passivo diante de tanta maldade?

Às vezes sentimos vontade de ser deus para acabar
com o mal
e defender a vida contra seus agressores.
Não valeria a pena sacrificar uns poucos em favor
da imensa maioria?
Enfim, quem deve ser preservado: os que amam e
servem a vida
ou os que a agridem e zombam de tua ausência e
aparente omissão?

Meus queridos filhos e filhas: criei a vida com amor
e só no amor ela é divina e parecida comigo.
Vejo, com tristeza, como o diabo
semeia o joio da violência e do ódio.
Mas não posso, sem negar minha natureza de amor,
avalizar os rompantes de violência que os bons,
às vezes, apresentam.
Além de ter dado às pessoas a graça do tempo para
converter-se,
ainda criei meus filhos e filhas com a bênção da
liberdade.
Muitos não sabem como usá-la e se tornam prepo-
tentes.
Outros se omitem, passivamente, e só sabem lamen-
tar-se.
Apressar a condenação de uns e outros
seria negar minha criação,
mostrando-me impaciente diante de omissões e
desvarios.

Não me seria difícil mandar sobre todos um raio de minha cólera.
Mas, onde ficaria, então, o Deus da graça e do perdão,
o senhor do tempo e o redentor de todos os males e injustiças?

Quero lembrar-lhes que não só lamento as violências e o ódio,
mas que ainda, em Jesus, me sujeitei aos descalabros do mal.
Não mandei uma legião de anjos, como podia, para livrá-lo
e permiti que a humanidade perpetrasse tão grande crime
para testemunhar que sou um Deus paciente e bondoso,
sempre rico em misericórdia e pronto para o perdão.
Meu coração não ficou insensível diante de seus sofrimentos,
mas meu braço ficou recolhido para não ferir o amor e a liberdade.

E vocês, meus filhos e filhas, têm como missão e evangelho
refazer os caminhos do bem e da cidadania, da paz e da justiça.

Em suas mãos, eu confio e coloco o destino da
sociedade,
para que a vida continue a ser um milagre de festa
e fraternidade,
um espaço divino de respeito aos direitos humanos
fundamentais.
Lutem! Não se encolham! Não aceitem passivamente o mal
nem façam da impaciência uma evasiva
contra a violência e contra os maus!

Não intervenho no milagre da vida porque este milagre são vocês.
Amo este milagre e tenho paixão por ele.
E ele só florescerá quando se fizer forte e ativo,
e quando vocês, olhando para mim,
viverem com respeito e amor, amando e defendendo
a liberdade.
Se pudesse lhes dizer uma última palavra, esta seria:
Abençoem a vida, toda vida, mesmo a dos maus e
dos tiranos.
Aceitem que meu sol nasça todos os dias sobre todas
as criaturas
e que minha chuva fecunde todos os campos igualmente.
No fim dos tempos, todos serão julgados.

Os bons receberão a recompensa
por terem amado o milagre da vida.
Os maus serão condenados
por terem pecado contra minha criação.

Querido e bom Deus,
Senhor da vida e nosso amantíssimo Salvador:
mesmo impacientemente, te oferecemos,
na adoração, as alegrias e as dores,
os sofrimentos e as cruzes, o bem e o mal que vemos na vida.
Reconhecemos o quanto somos pequenos e o quanto és grande.
És grande e bom, paciente e misericordioso, cheio de graça e perdão!
Agradecidamente, aceitamos a beleza e a tragédia de viver.

E te prometemos que lutaremos contra os tiranos e malfeitores,
defendendo a bênção da vida e todas as tuas criaturas.
Te louvamos pelos homens e mulheres que promovem a vida,
médicos e enfermeiros que tentam salvá-la,
advogados e juízes que não a deixam sofrer injustiças,
professores e professoras que a educam,

padres e pastores que a tornam mais cheia de graça,
pais e mães que a geram e cuidam de seus filhos
e por todos que a enaltecem, engrandecem
e a fazem mais humana e divina.

Ao mesmo tempo, te pedimos, perdoa-nos quando
a desrespeitamos.
Acende em nosso coração a mesma paixão que tens
por ela.
E te prometemos que sempre reverenciaremos
toda e qualquer criatura, pobre ou rica, simples ou
doente,
honrando assim teu santo nome,
servindo e amando o grande milagre que saiu de
tuas mãos
e que chegou à sua plenitude na pessoa santíssima
de Jesus,
que foi verdadeiramente Deus e verdadeiramente
homem. Amém.

Parte VI
Inspirações

As *Confissões* de Santo Agostinho, mais do que um livro autobiográfico, é um livro de oração. Como a Bíblia: mais do que a história de um povo que sonhava com uma Terra Prometida, é a história de um povo que reza a seu Deus.

Em 1Ts 5,17 o Apóstolo pede que os fiéis "vivam alegres" e "orem sem cessar". Ele também os admoesta para que "orem em todo lugar, levantando as mãos santas, sem ira nem discussões" (1Tm 2,8).

E o Papa Francisco ensina que "uma coisa é rezar com fé e outra é recitar orações".

86
Tota Pulchra

Vós sois, ó Maria, a mulher da eterna beleza.

Em vós resplandece a pureza original do paraíso.

Nossa fé vos proclama imaculada em vossa conceição.

Em vós, a desobediência de Eva não deixou as marcas da tentação.

Vós não destes ouvidos aos sussurros da serpente.

Rejeitastes a soberba de querer ser "como Deus".

Humildemente, preferistes confessar que éreis a serva do Senhor.

Vós sois a mãe do divino amor e a Virgem sem mancha e sem rugas.

O fruto e a graça do vosso seio puríssimo é Jesus, o Filho de Deus.

Para Deus não foi nenhum desdouro bater à porta de vossa casa, com o convite para serdes companheira da redenção da humanidade.

Nós vos cantamos como a "estrela da manhã" e a "porta do céu",
a "mãe da divina graça" e a "causa da nossa alegria".
Nós vos bendizemos, ó Maria, Imaculada Conceição.

Reconhecemos que sois a filha predileta de Deus
e a mãe puríssima de Jesus Cristo, nosso Salvador.
Ninguém, nenhuma criatura tem a vossa graça e beleza,
vosso amor e pureza, vossa santidade e grandeza.
Vós sois "puríssima", "castíssima", "imaculada", toda bela, ó Maria.

E porque sois o "auxílio dos cristãos", o refúgio dos pecadores",
a "saúde dos enfermos" e a "consoladora dos aflitos",
pedimos vosso socorro para os pobres, doentes e pecadores.
Rogai por nós, Santa Mãe de Deus!

Iluminai nossos caminhos no seguimento a Jesus, vosso Filho.

Dai-nos um coração de paz, sem ódios e rancores, sem ciúmes, egoísmos, cobranças desmedidas e violência.

Porque sois a fonte viva de nossas esperanças, nunca nos falte a coragem de sermos irmãos, amando os pobres e oprimidos.

Com todo o coração, na alegria e na confiança, vos proclamamos nossa Mãe e Rainha.
Salve, ó Maria, Virgem Imaculada e sem jaça!
Salve, ó Maria, mulher da eterna beleza!
Em louvor de Cristo. Amém.

87
Em louvor a Maria

Que ventura louvar-te, ó Maria, cheia de graça, mãe de Jesus e mãe do nosso Deus, senhora da humildade e do silêncio, virgem rescendente de encanto e formosura, vida feita oração, ternura e serviço, honra do nosso povo e glória dos eleitos!

Tu és a Eva verdadeira concebida sem pecado, a companheira de Cristo no Calvário e corredentora da salvação, a assunta pelos anjos ao céu e nossa advogada junto a Deus. Medianeira de todas as graças, és a mulher que sofreu mas não pecou, a mãe que deu à luz mas não perdeu a virgindade, a pureza sem jaça, a beleza espiritual sem rugas.

Na simplicidade de tua vida santa e recatada não buscaste o protagonismo dos palcos estelares nem a vaidade de tua condição única e singular. Pelo contrário, passaste pela vida no silêncio, cultivando teu amor de mãe, encantado e sofredor, deixando ao filho os aplausos do milagre e a força do evangelho.

Nós te louvamos, ó santa mãe de Deus e nossa mãe, porque não te revoltaste diante das surpresas do presépio, nem te negaste à dor de proteger teu filho no exílio. Quando o anjo, em nome de Deus, te convidou para seres a mãe daquele que nos salvaria, ofereceste teu corpo como templo íntegro e santo e tua vontade, sem condições, como consagração de escrava.

Não és apenas a "toda bela" e a "mãe do divino amor", és também a "virgem sem medo" e a "rainha dos mártires". Aos pés da cruz, permaneceste inteira e impotente, enquanto teu Filho gritava aos céus e rendia seu espírito. Depois, recebeste seu corpo, sem vida, nos braços e te tornaste a *Pietà* de nossa dor e veneração. Teu coração, que conservava seus gestos e palavras, confiava, agora, e esperava em sua ressurreição. A piedade chamou-te de virgem do silêncio e da soledade. Nós, na admiração, te louvamos e rezamos com o anjo Gabriel:

Salve, Maria, mãe de Deus e nossa mãe! Bendita és tu entre as mulheres e bendito é o fruto do teu ventre, Jesus! Rogai por nós, pecadores, agora e na hora de nossa morte! Se somos uma Igreja feliz por ter um tão grande salvador, somos também uma comunidade de fé alegre e confiante por ter uma tão grande mãe, linda, rica, cheia de graça e beleza, senhora dos anjos e dos homens, virgem puríssima e porta do céu, refúgio dos pecadores, saúde dos enfermos e rainha da paz, consoladora dos aflitos, rosa mística e escrava do Deus altíssimo, ó Maria! Amém.

88
Abre as mãos

Abre as mãos e toca a vida com graça e respeito, porque a vida é graça de Deus.

Abre as mãos e semeia em teus caminhos o Bem, a Paz, a Justiça, a Fraternidade, a Cidadania, e faze brilhar as luzes da Fé e a beleza do Evangelho.

Abre as mãos e pensa nas mil mãos que te ajudaram nascer, crescer, viver e ser o que és, gratuitamente, sem grandes méritos teus.

Abre as mãos e acolhe, como Jesus, os pobres, os doentes e os pecadores.

Abre as mãos e pensa nos que estão de mãos estendidas para ti, mãos famintas por um pedaço de pão, mãos carentes por um pouco de amor.

Abre as mãos e enxuga o pranto dos que choram sem consolo, machucados pelas crueldades da vida.

Abre as mãos e sê pródigo e generoso. Não sejas avaro e duro de coração.

Abre as mãos e joga fora as pedras com as quais poderias ferir teus irmãos.

Abre as mãos e recolhe o dedo acusador com o qual poderias incriminar teus semelhantes, com ou sem razão.

Abre as mãos para abençoar os outros, para levantar os caídos, para socorrer os cegos, os paralíticos e os leprosos de teus caminhos.

Abre as mãos e o coração, desce do teu jumento e sê um samaritano para teus irmãos feridos pelos ladrões.

Abre as mãos e o coração e sê um Homem de Esperança.

Abre as mãos e o coração e sê um Filho de Deus, amante e criador da vida.

Abre as mãos, como Nossa Senhora das Graças. É assim que quero encontrar-te: de mãos abertas.

Vivamos todos de mãos abertas, de coração aberto, de alma aberta, de olhos abertos, porque é assim que está Deus nos olhando e abençoando todos os dias.

Vivamos todos de mãos e de coração abertos, porque assim está Nossa Senhora, nossa Mãe, nossa

Advogada, nossa Intercessora, ela a quem chamamos de Nossa Senhora das Graças.

89
Exaltação ao Cristo Maravilha!

Houve quem quisesse, ó Cristo, te dar um trono de glória no alto do Corcovado. Mas Tu abriste os braços, inclinaste, humildemente, a cabeça e disseste: "Tudo bem! Deus lhes pague por esta honra! Mas gosto mesmo é de gente! Sou gente, sou deste povo e este povo é meu! Ele e eu estamos casados, casados com o verde da floresta que coroa esta cidade, com o marulhar das águas do mar que banham nossas praias, com o som dos tamborins e dos pandeiros que enchem de alegria e ritmo o Rio de Janeiro!"

Por amor te imortalizaram, ó Cristo, com uma grande estátua, com mais de 30m de altura. Mas Tu disseste: "Ah, meus amigos, fui gente, gente como vocês. Sou grande apenas na misericórdia! Grande é o meu coração! Gosto mesmo é da descontração alegre dos cariocas, do samba dos morros e da festa das torcidas em domingo de Maracanã".

Deram-te, ó Cristo, em estátua de alto porte, um aspecto soberano, imponente, real, sério, pétreo, quase inacessível. Mas Tu confessaste: "Gosto de comer com os pecadores, não aprecio o luxo, prefiro a poeira das estradas! Gosto é de estar no meio do povo, consolando os aflitos e fazendo festa com os pobres e sofridos, com os que sabem relevar, com um sorriso nos lábios, as chateações inevitáveis da vida".

Ah, meu bom Cristo Redentor, nossa cidade já era maravilhosa, graças ao teu Deus.
Contigo, ela é abençoada.

Tu nasceste pobre, no coxo de uma humilde estrebaria. Nós, cariocas, te oferecemos o berço alegre do Samba e da Bossa-nova.

Tu não tiveste nem uma pedra onde pudesses reclinar a cabeça. Nós te damos as nuvens brancas e carregadas que te cobrem e as brisas que te afagam.

Tu anunciaste o Reino de Deus. Nós te oferecemos a hospitalidade e te consagramos a alegria de sermos cariocas. Tu curaste os doentes e ressuscitaste os mortos, pregaste a fraternidade e quebraste os grilhões aos cativos.

Dá-nos acima de tudo Paz, a tua Paz, e, sempre, a tua Bênção. Ensina-nos a grande lição da Liberdade e a fascinante arte de viver! Proclama, do alto do Corcovado, que somos bem-aventurados e chama--nos de filhos do sol e de Deus!

Desperta em nós um grande amor pelos pobres, pelos doentes e pecadores! Perdoa nossos pecados e afasta de nós todo egoísmo e violência! Teus inimigos te deram uma cruz. Nós te damos nossos aplausos, muitos aplausos, nosso reconhecido bom humor, o brilho das estrelas, a beleza do Carnaval e o nosso coração em festa.

Antes, ó Cristo, já gostávamos de ti; hoje, gostamos ainda mais.

Ao acordar, a cada manhã, prometemos olhar para ti, que estás, no alto do Corcovado, de braços abertos, cuidando de nossa cidade, e te prometemos dizer-te, com alma e coração, na exultação e sempre cheios de santo orgulho: "Tu, Cristo, Tu és uma maravilha!"

90
Oração para as segundas-feiras

Hoje é segunda-feira, dia das Almas do Purgatório e dia de ação de graças. Obrigado, ó grande e bom Deus, ó Deus três vezes santo, muito obrigado pelo domingo que passou e por esta segunda-feira em que está apenas começando uma nova semana.

Ontem, estive em tua casa, fui fazer-te uma visita de filho e amigo. De joelhos, rezei a teus pés. Olhei muito para ti. Com certeza, me viste e olhaste muito para mim. Senti que me abençoavas, quando fechava os olhos para ver-te melhor. Rezei. Cantei. Abri meu coração. Ouvi tua palavra. Comunguei o Corpo de Jesus, na hóstia santa.

Quanta felicidade! Confessei, com o coração batendo forte: "Senhor, eu não sou digno de que entres em minha morada, mas dize uma só palavra e serei salvo". E ouvi quando me dizias: "Não tenhas medo, meu filho! Apenas confia e entrega-te, confiantemente! Esse é o banquete do Corpo do meu Filho! Toma e come!" Muito obrigado, querido Deus, por estes momentos de indizível felicidade.

Em tua casa, em nossa querida Igreja, sentimos tua presença de amor. Sentimos que estavas entre nós. Sentimos que tua mão, sobre nossa cabeça, nos abençoava. Depois de tanta ventura, Jesus ainda nos autorizou a chamar-te de Pai. "Pai nosso, que estais nos céus, santificado seja o vosso nome, venha a nós o vosso reino e seja feita a vossa vontade, assim na terra como no céu. Amém!"

Estas são palavras divinas. Nossas palavras humanas são tão pobres para louvar-te! Nossos corações são tão pequenos para hospedar-te! Nossos braços tão pequenos para abraçar-te. Pessoalmente, me sinto indigno para me aproximar de ti. Mas sei que és rico em misericórdia e estás sempre pronto para o perdão. Saí da igreja com a certeza de que me tinhas abençoado e me senti ainda mais amado.

Quero, hoje, dizer-te que quero ser teu, todo teu, e que viverei esta semana em tua presença, amando mais a meus irmãos, que são teus filhos. Procurarei ser melhor, tratando a todos com respeito e atenção. Procurarei ser melhor em casa, com meus familiares, e com meus colegas de trabalho.

Não entristecerei a ninguém. Ajudarei aos pobres, consolarei os tristes e não reclamarei da vida. Viverei esta semana de coração aberto, cuidando da felicidade de meus semelhantes. A cada manhã me levantarei fazendo o sinal da cruz, e dormirei todas as noites pedindo a tua bênção para a minha família e para a minha cidade.

Estou começando esta semana, ó Deus, olhando para ti, rezando e colocando meu coração em tuas mãos. E te rogo, hoje, pelas santas Almas do Purgatório.

Abençoa-me, ó querido Deus! Protege-me! Sei que nada sou, mas pertenço a ti. Tu és meu Deus e Pai e não me sinto digno de ser chamado teu filho. Abraça-me, ó meu Deus! Aperta-me contra teu coração! Eu quero ser teu, na vida e na morte. Tu és minha vida, a vida de minha vida. Tu és meu Pai, meu querido e bom Pai. Amém.

91
Oração para as terças-feiras

Hoje é terça-feira, dia de Santo Antônio, e eu quero rezar pelos casados e pelos que querem se casar. Ó meu grande e bom Senhor, ó Deus sempre amado e querido, ponho-me de joelhos a teus pés e peço-te um coração ardente de amor para todos.

Tu és o Senhor do céu e da terra, o Criador de tudo quanto existe e o destino de todas as criaturas. De tuas mãos todos saímos e para teu abraço todos estamos, sempre, voltando.
Somos teus na vida e na morte.

Só amamos porque nos amas e porque és a fonte do verdadeiro amor. Ninguém é digno de pronunciar teu santo nome, mas Tu nos concedes a graça de louvar-te e de chamar-te pelo doce nome de Pai. Diante de ti, já não sentimos medo, porque confiamos em tua misericórdia.

Confesso que sou pobre e pecador, pequeno e tua humilde criatura. Só Tu és grande e forte, cheio de glória e poder. Diante de ti, dobro, reverentemente, minha cabeça e te ofereço minha vida.

Peço-te, querido Deus: aceita meus pecados e purifica minha alma de todos os males. Sei que não sou digno do teu amor, mas sei que me amas mais do que um pai ama a seu filho.

Descanso meu olhar em ti e, em teus olhos, encontro o perdão que imploro. Em tuas mãos, encontra meu coração paz e alegria, conforto e segurança.

Não quero rezar sozinho. Na fé e no amor, quero unir-me a todas as pessoas que rezam, com Cristo, por Cristo e em Cristo, para salvação de todos. Rezamos pelos pobres, doentes e pecadores.

Enxuga, ó Deus, as lágrimas de quem chora por falta de amor e de pão. Toca o coração dos ricos, para que não falte pão na mesa dos pobres. Sacode os poderosos, para que governem com justiça. Faze soar tua voz de trovão e acorda a consciência dos que dormem na injustiça, frios e fechados em seus egoísmos.

Porque somos tão carentes, dá-nos teu amor. Porque somos tão sem graça, dá-nos a graça de tua vida. Porque somos tão pecadores, dá-nos o esplendor de tua beleza.

Pelos casados, te pedimos, confirma-os no amor verdadeiro, sem subterfúgios. Pelos que querem se casar, dá-lhes a graça de um grande amor. Que nunca lhes falte generosidade para amar e disposição de espírito para saber renunciar, para que o grande vencedor seja sempre o amor. E que, sempre, sejam todos aprendizes da linda e difícil arte de amar.

Abençoa-me, ó querido Deus! Protege-me! Sei que nada sou, mas pertenço a ti.

Tu és meu Deus e Pai e não me sinto digno de ser chamado teu filho.

Abraça-me, ó meu Deus! Aperta-me contra teu coração! Eu quero ser teu, na vida e na morte. Tu és minha vida, a vida de minha vida. Tu és meu Pai, meu bom e querido Pai. Amém.

92
Oração para as quartas-feiras

Hoje é quarta-feira, dia de São José. Obrigado, ó grande e bom Deus, muito obrigado, por São José, que foi tão humilde e tão provado, tão fiel e tão devotado! Ele é o padroeiro da boa morte. Morreu nos braços de Jesus e de Maria.

Elevo a ti minha oração por todos os que morreram ontem e por todos que morrerão, hoje. Peço a São José que interceda por eles na hora da morte. Abre para eles, querido Deus, teus braços de Pai e acolhe-os em tua casa.

Que teus anjos os recebam nas mansões eternas e os levem, em triunfo, à tua presença. Que Nossa Senhora, nossa querida Mãe, seja sua intercessora e que Jesus, nosso querido Salvador, marque suas frontes com seu preciosíssimo sangue. Tu és o criador da vida e a recompensa dos justos.

Perdoa-lhes os pecados que terão cometido, as fraquezas que possam ter tido, e reveste-os com a veste nupcial dos eleitos. Eles são teus. Viveram em tua graça e, por ti, foram amados. Eles são teus filhos. Estão terminando, agora, suas vidas e seus nomes estão inscritos no Livro da Vida.

Crentes ou ateus, católicos, espíritas ou evangélicos, muçulmanos ou budistas, todos foram teus e foram meus irmãos. Viveram na cruz da vida, fazendo o bem. Tatearam nas trevas em busca da luz e foram discípulos da difícil arte de viver. Grande e bom Deus, nossos mortos estão, agora, diante de ti, surpresos por verem a beleza de teu rosto e por sentirem a misericórdia de teu coração.

Nós rezamos por eles, por quem Jesus deu sua vida e de todos se fez o divino Salvador.
Cada irmão que morre deixa a vida mais pobre e triste, e o céu mais rico e feliz. Considera, ó bom

Deus, as lágrimas e as saudades de seus familiares e amigos. Nós as oferecemos a ti, por Jesus Cristo, Nosso Senhor.

Por aqueles que vão morrer, hoje, te suplicamos: preserva-os do medo e do desespero da morte. Que a morte lhes seja, por tua graça, um momento de entrega e de fé em tua providência de Pai. Que todos possam fazer um derradeiro ato de aceitação de teu poder e misericórdia. Quando mãos piedosas lhes fecharem, entre lágrimas, os olhos para sempre, que eles os abram para ver-te melhor, para sentir que Tu és um Deus de graça e perdão, de recompensa, de amor e de paz. Tu és o Senhor dos vivos e dos mortos.

Quanto a nós, que continuamos vivendo, te pedimos a graça de seguir Jesus em todos os caminhos da vida. Todo ouro e prata do mundo nada valem diante da graça de conhecer-te e amar-te. Recebe nossa cruz e dá-nos a força de carregá-la, sem queixumes. Invocando São José, te oferecemos nossa vida e nossa morte.

Quanto a mim, de joelhos, faço-te mais um pedido: Abençoa-me, ó querido Deus!
Protege-me! Sei que nada sou, mas pertenço a ti. Tu és meu Deus e Pai e não me sinto digno de ser

chamado teu filho. Abraça-me, ó meu Deus! Aperta-me contra teu coração! Eu quero ser teu, na vida e na morte. Tu és minha vida, a vida de minha vida. Tu és meu Pai, meu bom e querido Pai. Amém.

93
Oração para as quintas-feiras

Hoje é quinta-feira, dia da Santíssima Eucaristia. Obrigado, ó grande e bom Deus, muito obrigado pelo Corpo de Jesus, nosso Salvador, por este sacramento da tua divina condescendência. Obrigado, também, pelo bem que consigo realizar com tua graça e pelos desafios que consigo vencer no caminho do Evangelho e da Paz. Obrigado, muito obrigado pela luz da fé que ilumina minhas decisões. Quero ser teu. Tu és meu Criador e o destino de minha história.

Hoje, reverenciamos e adoramos o santíssimo Corpo de Jesus e seu preciosíssimo Sangue. Eles são o divino alimento de nossa vida espiritual.

Porque pecadores, comungamos seu Corpo e Sangue, com temor e tremor. Mas confessamos como o Oficial Romano: "Senhor, eu não sou digno de que entres em minha morada, mas dize uma só palavra e serei salvo".

Felizes e agradecidos, queremos ser obedientes à ordem de Jesus na Última Ceia: "Tomai e comei! Tomai e bebei!" Ao receber o Corpo de Cristo, Ele nos purifica de todo pecado e nos reveste com a túnica nupcial dos eleitos.

O Corpo de Jesus é uma "semente de imortalidade". Ao recebê-lo, já não somos mais uma ovelha destinada ao matadouro, mas começamos a participar, por Cristo e com Cristo, da vida dos santos. Somos, sim, indignos de recebê-lo, mas o que nos falta em méritos será, certamente, completado pela santidade de Jesus, nosso divino Salvador.

Adoro-te, Jesus, adoro-te com todas as forças do meu ser, consagro-me a ti, quero ser teu, sempre, e quero seguir-te apaixonadamente, na alegria e na tristeza, na cruz e na glória. Não somos nós que te buscamos, ó Deus, mas és Tu que nos procuras e queres ficar conosco, quando nos convidas para a festa da Santa Ceia.

Prometo-te, ó meu grande e bom Senhor, que, ao receber o Corpo de Jesus, não me esquecerei de quem não tem pão para comer, nem a graça de amar e ser amado. Com Jesus e em nome de Cristo, procurarei alimentar os famintos, consolar os aflitos e dividir com os tristes a alegria de minha companhia.

Viverei para todos de braços abertos, oferecendo-lhes a dádiva dos meus talentos. Não quero chegar à mesa da comunhão com as mãos vazias nem com o coração ressequido. O banquete é de todos e com todos quero sempre fazer a divina festa da vida, fora e dentro da Igreja. E, sempre, receberei a comunhão feliz e agradecido, por Cristo, com Cristo e em Cristo.

Jesus é o senhor da Grande Mesa. Nela, somos amados por Ele e aprendemos a amar a ti, grande e bom Deus, e a todos os homens, que são teus filhos.

Abençoa-me, ó querido Deus! Protege-me! Sei que nada sou, mas pertenço a ti. Tu és meu Deus e Pai e não me sinto digno de ser chamado teu filho. Abraça-me, ó meu Deus! Aperta-me contra teu coração! Eu quero ser teu, na vida e na morte. Tu és minha vida, a vida de minha vida. Tu és meu Pai, meu querido Pai. Amém.

94
Oração para as sextas-feiras

Hoje é sexta-feira, dia da Paixão e Morte de Jesus. Com o coração compungido e lágrimas nos olhos, eu me ajoelho diante da Cruz de Jesus, que deu sua vida para a salvação de todas as pessoas.

Olho para Jesus. Seu corpo está rasgado pelos açoites, sua cabeça, dilacerada pelos espinhos, olhos e boca fechados, sem vida e sem brilho. Tem o coração transpassado por uma lança. Suspenso no madeiro, tem apenas a companhia de umas poucas mulheres e do discípulo amado para prantear sua morte. O céu está impassível – "Meu Deus! Meu Deus! Por que me abandonaste?" –, só a terra parece chorar. E Ele, o Salvador do mundo, jaz inerte e morto.

Pobre e querido Jesus! Melancolicamente, acabou o sonho do Reino. Os apóstolos fugiram, deixando-te só e abandonado. Morreste como um condenado, entre dois ladrões, perdoando a um e a todos que te fizeram mal. Mas, confessando: "Tudo está consumado! Em tuas mãos, ó Pai, entrego meu espírito".

Jesus morreu, enquanto os soldados jogavam dados aos pés da cruz. Sua cabeça caiu sobre o peito e seus longos cabelos esconderam seu rosto. Em seu coração, apenas sobrou um pouco de sangue e água.

Mas, seu sangue, desde então, é redentor, é selo e penhor de salvação. Sua paixão e morte pagaram o preço pelos pecados do mundo. As portas do céu voltaram a se abrir e o Serafim, da espada flamejante, retirou-se de sua entrada.

Este é o tremendo mistério da iniquidade e da cruz. Não sabemos, ó Deus grande e bom, como agradecer-te por esta loucura de amor. Só queremos adorar-te com Maria, a Virgem das Dores, reconhecendo o amor de teu Filho por nós. És um Deus apaixonado, loucamente apaixonado, que nos amaste quando ainda éramos pecadores.

De joelhos, me prostro em tua presença para chorar meus pecados, os pecados de todos os meus irmãos e pedir-te perdão. Beijo as chagas sacratíssimas de Jesus e me uno à Cruz de Cristo, oferecendo-te a minha cruz para a redenção de meus semelhantes.

Rezo a Cristo Crucificado por aqueles que não o conhecem ou vivem longe dele. Rezo pelos que são fracos e o abandonam quando a cruz se faz pesada. Rezo com os que permanecem debaixo da cruz. E ofereço ao querido Jesus a minha vida e a vida de meus irmãos. Aceita a vida dos pobres, dos doentes, dos pecadores. Que o sangue de Cristo cure, perdoe e salve toda a humanidade. E que Ele seja vida e consolo para os que morrem por falta de pão e de amor.

A ti, grande e bom Deus, oferecemos os nossos sofrimentos, entregamos o que somos e o pouco que fazemos. Arrependidos, mas confiantes, abraçamos o corpo sem vida de Jesus, nosso Mestre e Senhor. Abençoa-me, ó querido Deus, por amor de teu Filho, Jesus! Protege-me! Sei que nada sou, mas pertenço a ti.

Tu és meu Deus e Pai e não me sinto digno de ser chamado teu filho. Abraça-me, ó meu Deus! Aperta-me contra teu coração! Eu quero ser teu, na vida e na morte. Tu és minha vida, a vida de minha vida. Tu és a minha segurança e salvação. Tu és meu Pai, meu querido e bom Pai. Amém.

95
Oração para os sábados

Hoje é sábado, dia de Nossa Senhora, de Maria, nossa mãe. Muito obrigado, ó grande e bom Senhor, pela semana que vivi e pelas graças que me deste. Mais uma semana me foi concedida para viver com os outros e para os outros, meus irmãos.

Hoje é sábado e festejamos Nossa Senhora, nossa querida mãe e mãe de Jesus. Ela é linda! Foi cheia de graça, imaculada em sua conceição, virgem antes, durante e depois do parto e foi arrebatada ao céu. Nós a invocamos como Nossa Senhora da Glória.

Maria está no centro de nossa devoção, mas o centro de nossa fé é Jesus. Cristo é o centro de tudo. Tudo foi feito por Ele e para Ele e tudo existe graças a Ele. Nele nos movemos, somos e existimos. Ele é o caminho, a verdade e a vida da Humanidade. Ele nos resgatou com sua Cruz e nos abriu as portas da casa de Deus. Por isso, ó grande e bom Deus, te louvamos, te adoramos e nos ajoelhamos, humildemente, diante de ti.

Obrigado por teres por escolhido Maria para ser a mãe de teu Filho e para ser a mãe da nossa querida Igreja. A teu convite, Maria disse "sim" e uma nova criação começou a existir. O que se perdera por Eva foi reconquistado por Maria. A humanidade, seduzida pelos sussurros da serpente, começou a recuperar, com o "sim" de Maria, a inocência original e a esperança do paraíso perdido.

Nunca poderíamos ter imaginado que, um dia, na pequena vila de Nazaré, os alvores de um novo dia despontariam, graças ao Sol, que é Cristo. O seio de Maria foi o quartinho onde este sol se escondeu, veio à luz, alimentou-se e brilhou para todos nós, homens e mulheres.

Numa mísera estrebaria, Maria rasgou seu corpo, recebeu e apertou nos braços o Salvador do Mundo, que veio para o que era seu, embora os seus não o tenham recebido. Maria o recebeu e adorou aquele que era seu filho e, ao mesmo tempo, seu Deus e Senhor. Deu à vida àquele que era o Criador da vida. Alimentou com seu leite aquele que era o alimento e a alegria dos Santos e dos Anjos.

Que tremendo mistério, que sonho impossível! Muito obrigado, ó grande e bom Deus, pela encarnação de Jesus e pela santidade de Maria, nossa Senhora. Com seu "sim", ela se fez Nossa Senhora da Glória e a "Mãe das Dores", sofreu sem reclamar, foi forte sem buscar consolo. Sabia quem estava gerando e guardava todas estas coisas em seu coração.

Hoje é sábado. Sentimo-nos felizes e nos lembramos, também, ó bom Deus, de nossa querida mãe da terra que nos carregou em seu seio e nos deu à luz. Beijamos suas mãos, com emoção. Jovem ou idosa, que importa?, queremos conservar sempre viva sua imagem em nossos corações. Ela, para nós, será sempre a imagem de Maria, a mãe de Jesus.

Peço a Nossa Senhora Aparecida que abençoe o Brasil e a todas as mães brasileiras. Que elas olhem para Maria, em suas dificuldades, e nunca desanimem. Que vivam para seus filhos e os ajudem, com sua palavra e exemplo, a serem homens e mulheres de caráter, de grandeza e esperança.

Abençoa-me, ó querido Deus! Protege-me! Sei que nada sou, mas pertenço a ti. Tu és meu Deus e Pai e não me sinto digno de ser chamado teu filho. Abraça-me, ó meu Deus! Aperta-me contra teu coração! Eu quero ser teu, na vida e na morte. Tu és minha vida, a Vida de minha vida. Tu és meu Pai, meu querido e bom Pai. Amém.

96
Oração para os domingos

Hoje é domingo, dia da Santíssima Trindade, é o "Dia do Senhor". É também o dia da celebração da fé em comunidade e da exaltação do santo nome de Deus. Que céus e terra, que o imenso e deslumbrante universo se vistam de brilho e de luzes, ó Senhor, para louvar-te! Que os rios batam palmas e as cascatas cantem de alegria! Que as montanhas se curvem diante de tua majestade! Tu és o Criador de tudo quanto existe e não há nada que viva sem tua graça e longe de tua glória e poder.

Rezo com Santo Agostinho: "Ó Deus, ó Beleza sempre antiga e sempre nova: tarde te amei! Eis que Tu estavas dentro de mim e eu fora a procurar-te! Tu estavas comigo, mas eu não estava contigo! Retinha-me longe de ti aquilo que não existiria se não existisse em ti. Tu, porém, me chamaste com uma voz tão forte, que rompeste a minha surdez! Brilhaste, cintilaste e logo afugentaste a minha cegueira! Exalaste perfume: respirei-o suspirando por ti! Eu te saboreei e, agora, tenho sede e fome de ti. Tu me tocaste e ardi no desejo de tua paz! Quanto mais te possuo, tanto mais te procuro. Que eu me conheça a mim, ó Deus, para que te conheça mais a ti" (*Confissões X,27*).

Ó Santíssima Trindade, Deus Pai, Filho e Espírito Santo, eu te adoro! Acorda-me com o trovão de tua voz, para que te sinta e viva somente para ti! Queima-me com teu fogo, para que não me perca no calor de tuas criaturas! Enche-me com tua luz, para que todos te sintam, em mim, como graça e redenção!

Olho para ti e te procuro, e só te encontro na luz da fé que colocaste em minha alma. Desejo tocar-te, mas apenas te sinto no sopro que deixaste em mim. Tento pronunciar teu nome, mas não encontro palavras para confessar o amor que meu coração sente por ti.

Quem és Tu e quem sou eu, ó grande e bom Deus? Tu és o Senhor do céu e da terra e eu, "um miserável vermezinho", teu ínfimo servo! Tu és a vida de minha vida, e eu sou apenas uma folha que o vento leva, uma flor que, longe de ti, perde seu perfume e beleza.

Só Tu és grande e forte, a fonte da vida e o destino de todas as criaturas. Em ti, e graças a ti, todos somos, nos movemos e existimos.

Tu és a fonte do Bem e do Amor. Tu és minha Paz e a vida de minha vida. Tu és o perdão para meus pecados e o Bom Pastor de meus caminhos. Em ti encontro refúgio, quando me debato nas trevas em busca da luz. Em ti e por ti, brilham meus olhos, quando os fecho diante do esplendor de teu rosto de Pai e Amigo.

Ó Santíssima Trindade, sou teu Templo santo. A ti eu me consagro e a ti eu me entrego. Entrego-te o pouco que faço e o muito que desejaria fazer. Entrego-te o nada que sou e meus anseios de felicidade. Nada mais desejo, senão ser teu para sempre e perder-me em teus braços onipotentes.

Olha, te suplico, por todos meus irmãos, ó grande e bom Deus! Que juntos possamos amar-te apaixonadamente, sem medo, na alegria e de coração aberto! Abençoa-me, ó querido e bom Senhor! Protege-me! Sei que nada sou, mas pertenço a ti. Tu és meu Deus e Pai e não me sinto digno de ser chamado teu filho.

Abraça-me, ó meu Deus! Aperta-me contra teu coração! Eu quero ser teu, na vida e na morte. Tu és minha vida, hoje e sempre. Tu és meu Pai, meu querido Pai e Senhor. Amém.

97
Oração a Jesus Crucificado

Ó Jesus, nosso amantíssimo Salvador, nosso Salvador crucificado: nós te adoramos. Proclamamos que és o Deus único e verdadeiro.

Choramos por teus sofrimentos, humilhações, traições e morte. E beijamos teu sacratíssimo corpo.

Agradecemos-te porque foste obediente ao Pai e aceitaste o caminho redentor da dor para nos libertar do pecado e do medo da morte. Obrigado porque és perdão, mesmo morrendo injustamente.

Obrigado porque estás de coração aberto, mesmo agredido cruelmente. Obrigado por teu sangue que marca nossas frontes para o dia do Juízo Final.

Ao mesmo tempo, abraçamos tua mãe e nossa mãe, a Mulher das Dores, a *Pietà* de tantos sofrimentos.

Permite, ó Jesus, que unamos ao teu grito o grito de todos os que sofrem pela justiça, pela paz, pela liberdade, por amor a seus filhos e famílias, por tua Igreja e pelos direitos à vida.

Na cruz, estás de braços abertos. Nós também abrimos os nossos, para a tua glória e para o bem dos nossos semelhantes.

Abençoa nossos esforços de sermos bons cristãos e cidadãos íntegros. Purifica nosso coração que é de ouro e fortalece nossos pés que são de barro.

Faz-nos irmãos de todas as pessoas e, especialmente, dos pobres e sofredores. Ajuda-nos a ser luz e sal e fermento de uma nova sociedade.

Queremos honrar sempre a tua cruz e nunca nos envergonhar dela, nem amaldiçoar as que tivermos que carregar.

Tu, somente Tu, és nosso Salvador. Tu, Jesus, nosso Rei e Senhor. Tu és nossa vida e salvação. Tu és nosso caminho e verdade. Tu és a graça desta vida e a garantia da vida eterna.

Que mais queres que te digamos? Obrigado. Muito obrigado, te amamos. É teu nosso coração. É teu o coração da nossa Igreja e o coração do mundo!
Tu és a vida de nossa vida! Amém.

98
Oração de despedida do Padre Motinha

* 24/11/1933 – † 09/01/2009

Meus amigos, infelizmente, o meu fim chegou. Estou de partida.
Não queria, mas a minha hora, ou melhor, a hora de Deus chegou.
Não é fácil ajustar o próprio relógio
ao relógio daquele que é o senhor do tempo e dos nossos destinos.
A minha oração, nestes dias, tem sido:
"Seja feita a Vossa vontade!"
Gostei de viver, a vida me foi uma graça, uma grande graça.
Sou carioca, nasci em Botafogo. Amo a nossa cidade.
Gostei de ser padre. Fui padre por 51 anos.
Ser padre foi uma bênção, uma grande bênção.
Gostei de servir na Matriz Nossa Senhora da Glória.
Esta foi minha casa. Nunca me esquecerei de vocês.
Bendito seja o Movimento Carismático que revolucionou minha vida.
Nas missas de Cura e Libertação, me sentia tomado pelo Espírito Santo.

Aprendi muito com as senhoras do Asilo em Vigário Geral.

Que rezem por mim. Continuarei olhando por elas da Casa do Pai.

Tenho apenas 75 anos. Queria viver ainda muitos anos.

Mas já sei que não vai dar. De repente, o pâncreas me traiu.

Meu organismo já não produz insulina e hemácias. Que mistério é o corpo humano!

Meu espírito quer tanto continuar vivendo, amando o que sempre amei, fazendo o que sempre fiz.

Mas a Irmã Morte já está tomando minha mão e me convidando para a última viagem.

Cansado, fecho os olhos do corpo com saudades da vida.

Em breve, abrirei os da alma para ver a face de Deus.

Mas, antes de partir, gostaria de abençoá-los como sempre o fiz.

Que Deus Pai † Filho † e Espírito Santo os abençoe.

Adeus! Não se esqueçam do Padre Motinha!

O Padre Motinha jamais se esquecerá de vocês.

99
Última oração do Padre Joaquim

* 04/03/1938 – † 03/10/2008

Meu Deus, "nada sou, mas pertenço a ti".
Esta é a hora,
a última hora da minha vida!
Fica comigo, Senhor.
Não me deixes sozinho!
A morte está batendo à minha porta.
Quero ter a coragem das boas-vindas!

Sinto que ela já está tomando a minha mão.
Faze-me sentir tua presença!
Ela está me convidando para as últimas despedidas.
Agradeço pela vida, sem tremer a voz!
Umas últimas lágrimas estão embaçando meu olhar.
Rogo-te, ó bom Jesus, enxuga meu pranto!
A mão fria da morte começa a fechar os meus olhos.
Que eu, ao abri-los, só possa, encantado, ver o teu rosto!

Meu coração está batendo fraquinho.
Perdão, ó Deus, pelas vezes em que ele não bateu por ti!
Ao entregar as chaves de minha casa,

abre-me, com tua cruz, a porta de teu Reino!
Quando tudo tiver passado,
que eu ainda acredite em tuas promessas que não
passam!

Neste instante, a morte está me dizendo:
"Chega, Padre Joaquim! Vamos!"
Convida-me Tu, Senhor da vida e da morte:
"Vem, meu filho! Não tenhas medo!
Sê bem-vindo! Podes entrar! A casa é tua!"

À moda de conclusão

Rezar é sempre uma forma personalíssima de ser (religioso). Todos podemos ser pessoas de oração, mas minha mãe rezava de um jeito, meu pai de outro e cada pessoa é irrepetível quando se coloca de joelhos em oração.

Assim como dizia o pobre mas lúcido Benedito, ao ser interpelado sobre o que fazia, de joelhos, diante do sacrário: "Não estou fazendo nada, estou apenas olhando para Deus e Ele olhando para mim". Assim também gostaria que estas orações servissem apenas para fazer as pessoas olharem um pouco mais para Deus e se sentirem mais olhadas por Ele. Tudo o mais é faina de escritor, inevitável ascese e gostoso e arriscado jeito de estender as asas para se encontrar com os outros.

Que este encontro seja bom para todos. De minha parte, estou levando para eles aquele Deus por quem recebemos graça sobre graça (Jo 1,18) e os meus santos prediletos, embora tenha deixado pelo caminho muitos outros igualmente queridos. Que me desculpem os leitores e rezadores por não ter rezado com São Vicente de Paulo, Santa Teresa de Jesus, São João da Cruz e com todos os místicos da nossa e de outras Igrejas e religiões, com Santa Teresinha, Santa Catarina, Santa Cecília e Santa Ágata, com o Santo Cura d'Ars e com os grandes São Bento e Santo Inácio de Loyola, com os anjos da guarda e com os arcanjos Miguel, Rafael e Gabriel, com Santo Estêvão, que foi corajoso, com São Tomé, que duvidou, e com as crianças de Belém que foram inocentes. Perdão também por não ter rezado com Moisés e com todos os profetas do Antigo e de todos os testamentos. Faltaram muitos, eu sei. Rezei pouco. Mas os editores não gostam de livros grossos nem os leitores de livros caros.

Concedendo-me Deus mais vida, continuarei rezando e respigando, de joelhos, em outras searas, sempre desejoso não tanto de inventar novas orações quanto de fazer com que minha vida seja uma oração. Que Deus seja por ela glorificado, ainda que minimamente, e que pela oração possa me encontrar na grande clareira da fé com sempre mais irmãos que também rezam, para fazermos, juntos, a grande festa do Deus *Shalom* e *Adonai*, da paz e do amor, da alegria e do seu perdão diário e sempre generoso. Nesta clareira, vai ser bom estar de joelhos, cantando de braços erguidos e, com o coração derramado, dançando de felicidade.

Em louvor de Cristo, oração viva do Pai. Amém.

Conecte-se conosco:

- **f** facebook.com/editoravozes
- **[○]** @editoravozes
- **🐦** @editora_vozes
- **▶** youtube.com/editoravozes
- **🕾** +55 24 99267-9864

www.vozes.com.br

Conheça nossas lojas:

www.livrariavozes.com.br

Belo Horizonte – Brasília – Campinas – Cuiabá – Curitiba
Fortaleza – Juiz de Fora – Petrópolis – Recife – São Paulo

EDITORA VOZES LTDA.
Rua Frei Luís, 100 – Centro – Cep 25689-900 – Petrópolis, RJ
Tel.: (24) 2233-9000 – E-mail: vendas@vozes.com.br